Heinrich Krämer
Neun Gelehrtenleben am Abgrund der Macht

www.eagle-leipzig.de/048-kraemer.htm

Edition am Gutenbergplatz Leipzig

Gegründet am 21. Februar 2003 in Leipzig.
Im Dienste der Wissenschaft.

Hauptrichtungen dieses Verlages für Forschung, Lehre und Anwendung sind:
Mathematik, Informatik, Naturwissenschaften, Wirtschaftswissenschaften, Wissenschafts- und Kulturgeschichte.

Die Auswahl der Themen erfolgt in Leipzig in bewährter Weise. Die Manuskripte werden lektoratsseitig betreut, von führenden deutschen Anbietern professionell auf der Basis Print on Demand produziert und weltweit vertrieben. Die Herstellung der Bücher erfolgt innerhalb kürzester Fristen. Sie bleiben lieferbar; man kann sie aber auch jederzeit problemlos aktualisieren.
Das Verlagsprogramm basiert auf der vertrauensvollen Zusammenarbeit mit dem Autor.

Bände der Sammlung „EAGLE-ESSAY" erscheinen seit 2004 im unabhängigen Wissenschaftsverlag
„Edition am Gutenbergplatz Leipzig"
(Verlagsname abgekürzt: EAGLE bzw. EAG.LE).

Jeder Band ist inhaltlich in sich abgeschlossen.

EAGLE-ESSAY: www.eagle-leipzig.de/essay.htm

Dieser Band gehört zur am 21. Februar 2011 begründeten Sammlung
„Leipziger Manuskripte
zur Verlags-, Buchhandels-, Firmen- und Kulturgeschichte".

Siehe hierzu auch: www.leipziger-manuskripte.de

Heinrich Krämer

Neun Gelehrtenleben am Abgrund der Macht

Der Verlagskatalog B. G. Teubner, Leipzig – Berlin 1933:

Eduard Norden – Paul Maas – Eduard Fraenkel
Eugen Täubler – Alfred Einstein – Albert Einstein
Max Born – Hermann Weyl – Franz Ollendorff

2., bearbeitete und erweiterte Auflage

EAG.LE Edition am Gutenbergplatz
Leipzig

Bibliografische Information der Deutschen Nationalbibliothek
Die Deutsche Nationalbibliothek verzeichnet diese Publikation in der
Deutschen Nationalbibliografie; detaillierte bibliografische Daten
sind im Internet über http://dnb.d-nb.de abrufbar.

Dr. phil. h.c. Heinrich Krämer
Geboren 1928 in Altendorf/Kr. Unna. Studium der Theologie (ev.), deutschen Philologie und Philosophie an den Universitäten Münster und Freiburg i. Br. (1949-1955).
Redakteur des Lexikographischen Institutes des Verlages Herder, Freiburg (1956-1959).
Leiter des Lektorates und Prokurist des Wilhelm Goldmann Verlages, München (1960-1966); Geschäftsführer des Wilhelm Goldmann Verlages (1967-1968).
Alleiniger Geschäftsführer des Verlages B. G. Teubner GmbH, Stuttgart (1969-1999) sowie der B. G. Teubner Verlagsgesellschaft mbh, Leipzig (1991-1999).
Vorsitzender der Arbeitsgemeinschaft Wissenschaftliche Literatur der Arbeitsgemeinschaft Wissenschaftlicher Verleger (1973-1979).
Stellvertretender Vorsitzender des Bewilligungsausschusses des Förderungs- und Beihilfefonds Wissenschaft der VG Wort (1977-1997). Verleihung der Ehrendoktorwürde der Philosophisch-Historischen Fakultät der Universität Basel (1998).

Die erste Auflage erschien im Leipziger Jahrbuch zur Buchgeschichte 17(2008), S. 197-254.
Wiesbaden: Harrassowitz Verlag 2009.

Dieser Band gehört zur am 21. Februar 2011 begründeten Sammlung:
„**Leipziger Manuskripte zur Verlags-, Buchhandels-, Firmen- und Kulturgeschichte**".
Siehe hierzu auch: www.leipziger-manuskripte.de

Erste Umschlagseite:
Teubner-Geschäftshaus in Leipzig, Poststr. 3-5; eingeweiht Februar / März 1911.
Vierte Umschlagseite: Dieses Motiv zur BUGRA Leipzig 1914 (Weltausstellung für Buchgewerbe und Graphik) zeigt neben B. Thorvaldsens Gutenbergdenkmal auch das Leipziger Neue Rathaus sowie das Völkerschlachtdenkmal.

Für vielfältige Unterstützung sei der Teubner-Stiftung in Leipzig gedankt.

Warenbezeichnungen, Gebrauchs- und Handelsnamen usw. in diesem Buch berechtigen auch ohne spezielle Kennzeichnung nicht zu der Annahme, dass solche Namen im Sinne der Warenzeichen- und Markenschutz-Gesetzgebung als frei zu betrachten wären und von jedermann benutzt werden dürften.

EAGLE 048: www.eagle-leipzig.de/048-kraemer.htm

Das Werk einschließlich aller seiner Teile ist urheberrechtlich geschützt.
Jede Verwertung außerhalb der engen Grenzen des Urheberrechtsgesetzes ist ohne Zustimmung des Verlages unzulässig und strafbar. Das gilt besonders für Vervielfältigungen, Übersetzungen, Mikroverfilmungen und die Einspeicherung und Verarbeitung in elektronischen Systemen.

© Edition am Gutenbergplatz Leipzig 2011

Printed in Germany
Umschlaggestaltung: Sittauer Mediendesign, Leipzig
Satz und Layout: www.weiss-leipzig.eu
Herstellung: Books on Demand GmbH, Norderstedt

ISBN 978-3-937219-48-6

BENEDICTUS GOTTHELF TEUBNER

der vor zweihundert Jahren,
am 21. Februar 1811,
in Leipzig seine Firma B. G. Teubner
als Offizin gründete und ihr
1823 den Verlag anschloß,
zum Gedenken

Gerhard Wirth zugeeignet.

Vorbemerkung

Der Verfasser leitete in der Nachfolge von vier Inhaber-Generationen als alleiniger Geschäftsführer von 1969 bis 1999 die Verlagsfirma B. G. Teubner GmbH Stuttgart und – nach der Wiedervereinigung der vierzig Jahre getrennten Teubnerschen Verlage – von 1991 bis 1999 auch die am Gründungsort neu errichtete B. G. Teubner Verlagsgesellschaft mbH Leipzig.

Der folgende quellenorientierte Aufsatz beruht auf den handschriftlichen Aufzeichnungen zur Entwicklung des B. G. Teubnerschen Verlags aus den Jahren 1891/1892, die Dr. August Schmitt, erster Mitarbeiter und Berater des Gründers Benedikt Gotthelf Teubner, den Inhabern des Geschäfts übergab, sowie auf der zum hundertjährigen Bestehen von B. G. Teubner 1911 erschienenen Geschichte des Unternehmens, und namentlich auf den zwischen 1896 und 1933 mit den Autoren geschlossenen Verlagsverträgen und dem zugehörigen Briefwechsel. Diese Dokumente der Verlagsgeschichte wurden nach der Zerstörung der Firma durch den Bombenangriff auf Leipzig im Dezember 1943 als Teile des Verlagsarchivs gerettet.

Herrn Lothar Poethe, Deutsche Nationalbibliothek Leipzig, danke ich für hilfreiche Unterstützung bei einer wichtigen Ergänzung des Textes (Eugen Täubler) und bei der Gestaltung des Anmerkungsapparates.

Diese Darstellung erschien zuerst im
LEIPZIGER JAHRBUCH ZUR BUCHGESCHICHTE
Band 17(2008). Harrassowitz Verlag. Wiesbaden 2009.

Schwieberdingen, Oktober 2010   H. Krämer

Erster Prospekt der von Benedictus Gotthelf Teubner
gegründeten Sammlung BIBLIOTHECA TEUBNERIANA

Inhalt

Benedictus Gotthelf Teubner (1784-1856) 11

Der Verlagskatalog B. G. Teubner 1933 23

I. Eduard Norden (1868-1941): Antike Kunstprosa – Germanische Urgeschichte – Aus altrömischen Priesterbüchern 29

II. Paul Maas (1880-1964): Griechische Verskunst und Textkritik 37

III. Eduard Fraenkel (1888-1970): Aischylos – Plautus – Horaz 45

IV. Eugen Täubler (1879-1953): Römischer Staat und Altes Testament 51

V. Alfred Einstein (1880-1952): Geschichte der Musik 63

VI. Albert Einstein (1879-1955): Das Relativitätsprinzip, eine neue Geochronometrie 67

VII. Max Born (1882-1970): Kristallgitter und Quantenmechanik 77

VIII. Hermann Weyl (1885-1955): Die Idee der Riemannschen Fläche – Theorie der Gruppen 83

IX. Franz Ollendorff (1900-1981): Theorie der Elektrotechnik ... 89

Schlußwort 97

Anmerkungen 99

Index 109

THESAVRVS LINGVAE LATINAE

EDITVS IVSSV ET AVCTORITATE
CONSILII AB ACADEMIIS SOCIETATIBVSQVE
DIVERSARVM NATIONVM ELECTI

VOL. X, 1 FASC. XI
pernumero — persuadeo

B. G. TEUBNER STUTTGART UND LEIPZIG

Benedictus Gotthelf Teubner (1784-1856)

Dieser »Typograph und Verlagsbuchhändler«, so nannte er sich in der Unterschrift der Lithographie seines Altersbildnisses von Franz Seraph Hanfstaengl 1855, war ein Mann großen Zuschnitts: im Urteil der Fachgenossen ein »Muster der Buchdruckerwelt«; ein Meister des zur Kunstvollkommenheit erhobenen philologischen und mathematischen Satzes, dessen griechische Kursive, Typis B. G. Teubneri, als die führende Schrift des 19. Jahrhunderts gerühmt wurde; ein Aldus Manutius redivivus, der die Schrift- und Druckkunst seines Jahrhunderts in Deutschland so maßgebend ausbildete wie seine Vorbilder: die Stempelschneider und Drucker Bodoni in Parma und Didot in Paris.

Wie beschreiben wir seine Lebenswurzeln, die seinen Wuchs besorgten und ihn auf einen solchen Weg brachten? Der junge Benedikt, Pastorensohn aus der Niederlausitz, elftes von zwölf Kindern, erfuhr die Welt aus dem Blickwinkel des protestantischen Pfarrhauses, wo geistliche Strenge und geistige Weite, Gewißheit des Glaubens und spekulativer Intellekt als Triebkräfte des Denkens und Handelns in produktivem Bunde lebten. In vier Jahrhunderten stellte das protestantische Pfarrhaus den Sauerteig des deutschen Geistes – Gotthold Ephraim Lessing, Christoph Martin Wieland, Jean Paul, Friedrich Wilhelm Schelling, Friedrich Schleiermacher, Friedrich Ritschl, Friedrich Nietzsche, Theodor Mommsen, Wilhelm Dilthey, Adolf von Harnack, Rudolf Bultmann waren Pastorensöhne.

Im Teubnerschen Hause war die geistliche Laufbahn nahezu ein Familiengesetz. Vater, Großvater und Urgroßvater – dieser starb 1684, hundert Jahre vor Benedikts Geburt – waren Pastoren. Darum war es nicht überraschend, daß der junge Benedikt auf die Frage, was er denn einmal werden wolle, antwortete: »Ich lerne Superintent«.[1]

Vom Vater empfängt er die Elemente gelehrter Bildung. Jedoch sieben Söhne studieren zu lassen, erlaubt das Pfarrereinkommen nicht. So wird Benedikt Gotthelf vierzehnjährig in Dresden zum Setzer ausgebildet. Dafür ist er gut vorbereitet, denn die Innungsbestimmungen forderten von Setzerlehrlingen die Anfangsgründe des Lateinischen. 1803 freigesprochen und damit »Kunstgenosse«, nimmt er ein Jahr Stellung bei Jacobäer in Leipzig und geht dann auf Wanderschaft. Er reist nach Ungarn, wo seit alters die Druckkunst blüht, bildet sich in Preßburg im fremdsprachlichen Satz aus; nach einem Jahr will er nach Italien und Frankreich reisen, von den großen, in Europa führenden Druckern lernen, von Bodoni in Parma und von Didot in Paris. Da bittet ihn 1806 die Familie, in die Heimat zurückzukehren und die Druckerei seines Schwagers Weinedel zu leiten. Nach dem Tod des Schwagers kauft er dessen Offizin am 21. Februar 1811 und gibt ihr seinen Namen. In der Osterversammlung der Buchdruckerinnung »verintroduziert« er sich als »Buchdruckerherr«.[2] Das ist der Beginn der Firma B. G. Teubner.

Schon nach fünf Jahren verfügt seine Offizin über neun Pressen; er heißt in Leipzig der »Neunpressenherr«.[3] 1817 steht der Teubnersche Betrieb – nach den Beiträgen zur Invalidenkasse – an erster Stelle in Leipzig. Für seinen Freund Friedrich Brockhaus, der nicht gelernter Drucker war und unter eigenem Namen keinen Betrieb eröffnen durfte, richtet Benedikt Teubner eine Druckerei ein, deren technische und geschäftliche Leitung er allein innehat; dieser Betrieb heißt öffentlich »Zweite Teubnersche Druckerei«.[4] 1820 kann Friedrich Brockhaus den Betrieb übernehmen.

1819, acht Jahre nach der Gründung, hat Benedikt Teubner 15 Pressen und ein Gesamtpersonal von siebzig Gehilfen. Er zieht in den zwanziger Jahren die größten technischen Neuerungen in Betracht, die den Handwerksbetrieb zum kaufmännisch organisierten Fabrikbetrieb umgestalten. 1834 stellt er die erste, 1838 die zweite Schnellpresse von König & Bauer in Würzburg auf. 1833 hat er einen Filialbetrieb in Dresden gegründet, der bis zur Zerstörung der Stadt im Februar 1945 besteht. 1835 richtet er eine eigene Schriftgießerei ein, 1836 die Stereotypie, die später mit der Galvanoplastik verbunden wird. Er führt zwei Arten von Reliefdruck ein, die Schwerpunkte seiner Offizin werden: das Congrève-Verfahren, einen Hochprägedruck, und die Guillochierkunst. Er verfügt nun über einen vollentwickelten modernen Betrieb, mit 91 Gehilfen und einer maschinellen Ausstattung von 38 Handpressen und sieben Schnellpressen.

Von Anbeginn hat Benedikt Gotthelf Teubner seine Vorliebe, seine Kunstfertigkeit und Erfahrenheit an den philologischen Satz und dann auch an den mathematischen Satz gewandt und seinen Anspruch an die Druckleistung fortwährend erhöht. Schon 1816 schrieb er an einen Freund: »Diese Männer machten mir die besten Elogen wegen meinem ausgezeichneten schönen philologischen Drucksystem und stellten mich als Muster der Buchdruckerwelt auf. O Freund! dies ist für mich große Belohnung, wenn die Autoren ihrem Verleger Ordre geben, sich an mich zu attachieren. Dies spornt meinen Fleiß und Aufmerksamkeit um das Doppelte an«.[5]

Wird der führende Typograph das Attachement der Autoren selber suchen und ihr Verleger werden? Der Typograph bahnt die Spur des Verlegers Benedictus Gotthelf Teubner. Als er seiner 1811 gegründeten Offizin den Verlag im Jahre 1824 anschließt, baut er auf den Rat und die tätige Mitwirkung führender Philologen wie Franz Passows (1786-1833), die ihm die Herausgabe neuer griechischer und lateinischer Textausgaben anempfehlen. Benedikt Teubner ist kein Mann zögerlicher Entschlüsse. Im August 1823 faßt er mit den philologischen Freunden auf einer Kutschfahrt in Leipzig den Gründungsbeschluß. Wir kennen zwei Quellen, die das Verlagsunternehmen zu Wege bringen.

Die Geschäfts- und Marktlage um das Jahr 1820 ist günstig. Der Geist der Epoche wühlt und segnet, Geist der Goethezeit. Johann Joachim Winckelmann (1717-1768), der Entdecker des Griechentums und der griechischen Kunst aus deutschem Geist, hat in der *Geschichte der Kunst des Altertums* das Tor zur Antike weit aufgestoßen; durch ihn, den »meisterhaft Belehrenden«[6] gelangt Goethe zum »Bild« des südlichen, antiken Kunst- und Naturkörpers. »Was Kunst betrifft, hab' ich nun Grund gelegt und kann nun drauf bauen, wie es Zeit und Umstände erlauben, das Altertum ist mir aufgeschlossen«, schreibt er an Herder.[7] Sein Wunsch, daß der Stern des Griechischen sich nie aus dem Bereich des abendländischen Lebens entferne, sondern unaufhörlich mit charismatischer Kraft fortwirke, verband ihn mit Wilhelm von Humboldt (1767-1835). »Wir Deutschen«, schreibt Humboldt aus Paris an Goethe, »erkennen nicht genau, wieviel wir einzig dadurch gewinnen, daß Homer und Sophokles uns nah und gleichsam verwandt geworden sind«.[8] Humboldt betrieb das Studium der Alten und ihrer vorbildlichen ethisch-ästhetischen Kultur nicht allein um der Erkenntnis des in dieser Kultur wirkenden griechischen Geistes willen, sondern er schuf aus dieser Erkenntnis eine Theorie der Bildung des Menschen, in höherer pragmatischer Absicht: die griechische Paideia-Idee der wahren Menschenbildung leitete ihn wie Winckelmann und wie Goethe, dessen Wilhelm Meister nach einer »[...] harmonischen Ausbildung seiner Natur [...]« strebte.[9] Diese humanistisch-klassische Idee wollte Humboldt dem öffentlichen Leben zuführen und der Erziehung des jungen deutschen Menschen zugrunde legen.

Als Leiter des Kultur- und Unterrichtswesens im preußischen Innenministerium führte er das Griechische in die preußischen Gymnasien ein, und er machte die Gleichwertigkeit der alten Sprachen und der Mathematik zum Angelpunkt seiner Schulreform, um die Gaben junger Menschen allseitig im Sinne einer Balance der Kräfte zur harmonischen Ausbildung des Geistes und Charakters für das Leben zu fördern.

Dadurch entstand ein großer Bedarf an griechischen und lateinischen Texten; ein neuer Markt tat sich auf, der aus mehr als 450 Gymnasien in Deutschland bestand, davon 124 preußische Gymnasien mit allein rund 24.000 Schülern. Dieser Markt versprach dem Drucker und Verleger die »folgereichsten Resultate«.[10]

Die zweite Quelle, die das junge Verlagsunternehmen auf den Weg bringt, ist nicht in die Geschichtsschreibung der Firma, namentlich die *Geschichte der Firma 1811-1911*, erschienen zu deren hundertjährigem Bestehen, eingedrungen. Wir finden sie in den handschriftlichen Aufzeichnungen von Dr. August Schmitt, der seit 1847 Gehilfe, dann erster Mitarbeiter und philologisch-geschäftlicher Berater von Benedikt Teubner, nach dessen Tod Mitinhaber der Firma bis 1892 war. Es handelt sich um Aufzeichnungen aus den Jahren 1891 und 1892 zur »Entwicklung des B. G. Teubnerschen Verlags, nach vorhandenen Schriftstücken und persönlichen Erinnerungen ausschließlich für die Besitzer des Geschäfts dargestellt«.[11]

August Schmitt berichtet über das Stadium der Entstehung des Verlages und die Gedanken seines Prinzipals Benedikt Gotthelf Teubner: »Hatte er der Druckerei schon als Geschäftsführer einen namhaften Ruf erworben, so war es nunmehr noch in höherem Grade sein unausgesetztes Streben, durch vorzügliche Leistungen sich Druckaufträge zu erwerben, und seine Bemühungen blieben nicht ohne den gewünschten Erfolg. Die meisten größten Verleger Leipzigs und viele von außerhalb ließen ihre Verlagswerke bei ihm drucken. Dies nötigte ihn aber auch, um allen oft weitgehenden Ansprüchen genügen zu können, zu fortwährender Vermehrung des Schriften-Materials und namentlich auch der Pressen, welche schließlich in so großer Anzahl vorhanden waren, daß es mitunter an Ausfüllungsarbeiten für dieselben fehlte, da die Werke fremder Verleger meist nur in kleineren Auflagen gedruckt wurden. Um diesem Übelstand abzuhelfen, kam Teubner auf den Gedanken, Verlagswerke für eigene Rechnung zu drucken, was jedenfalls das nächste Motiv zur Gründung eines eigenen Verlagsgeschäftes gewesen ist, wie er selbst sich öfters geäußert hat.

Da eine große Anzahl *philologischer* Werke für andere Verlage bei Teubner gedruckt wurden, so richtete sich sein Augenmerk vorzugsweise auf diesen Zweig der wissenschaftlichen Literatur, und es zeugt von seinem Scharfsinn, daß er sich entschloß, eine neue Sammlung stereotypierter Ausgaben der griechischen und lateinischen Klassiker zu unternehmen, was jedenfalls im gelingenden Falle das geeignete Mittel für den Zweck der Pressenbeschäftigung war. Es gehörte freilich kein geringer Mut dazu, bei den sehr beschränkten Mitteln, welche Teubner zur Verfügung standen, mit Carl Tauchnitz in Concurrenz zu treten, dessen Textausgaben seit vielen Jahren den Markt im In- und Auslande beherrschten, zumal nachdem andere Verleger, z. B. das Bibliographische Institut (Meyer) in Hildburghausen, den Versuch mit Tauchnitz zu concurrieren nach kurzem Anlauf hatten aufgeben müssen, was Teubner sehr wohl wußte. Er wurde indessen ermutigt zu seinem Vorhaben hauptsächlich durch die Brüder Wilhelm und Ludwig Dindorf und den Universitätsprofessor Schaefer in Leipzig, welche alle drei seither als Correctoren philologischer Werke von Teubner beschäftigt waren«.[12]

Zur Gründung des Teubnerschen Verlages sekundiert also dem selbstgewählten Auftrag, die philologische Bildung kräftig zu fördern, die geschäftliche Notwendigkeit, die Pressen durch »Ausfüllungsarbeiten« befriedigend zu nutzen und durch den Druck von Verlagswerken für eigene Rechnung wirtschaftlich hinreichend auszulasten.

Der Verlag wächst kontinuierlich und rasch nach Ausgabe von Xenophons *Anabasis* als erstem Band der Sammlung im Jahr 1824.[13] Der erste Verlagskatalog vom Dezember 1825 verzeichnet bereits 25 Ausgaben mit dreißig Bänden, die, wie der Gründer stolz im Buchhändlerzirkular mitteilt, »sowohl im In- als Auslande bereits die vorteilhafteste Anerkennung gefunden haben, und worüber die öffentliche Stimme der Kritik sattsam entschieden hat«.[14]

Geltung und Verbreitung einer solchen Sammlung sind abhängig von dem Fortschritt der philologischen Forschung. Die Entwicklung der wissenschaftlichen Textkritik durch Gottfried Hermann (1772-1848), den berühmten Leipziger Altertumsforscher, den Goethe über allen anderen schätzte, und durch Karl Lachmann (1793-1851), der das Prinzip der Recensio (der Bewertung der Handschriften zur Herstellung der besten Textüberlieferung) aufstellte und die kritische Methode für textkritische Ausgaben griechisch-römischer und altdeutscher Schriftsteller lehrte, schuf neue Maßstäbe für Textausgaben zu Schul- und Studienzwecken. Sie schränkten den Gebrauch der seit 1824 erschienenen Teubnerschen Ausgaben ein, die auch ihrer Ausstattung und besonders der kleinen Schrift wegen mannigfache Klagen der Schulen hervorriefen, und hemmten ihre Verbreitung.

Als August Schmitt eines Abends im Jahre 1849 »dem Papa Teubner« solche Klageartikel in der *Zeitschrift für Gymnasialwesen* vorlegte, rief der Prinzipal aus: »Da müssen wir eine ganz neue Sammlung der Klassiker unternehmen«.[15]

Er erweiterte den Kreis der Herausgeber, Bearbeiter und Berater durch »anerkannt tüchtige Gelehrte«,[16] wie Friedrich Wilhelm Schneidewin, Karl Halm und Alfred Fleckeisen, zu denen später Friedrich Ritschl, Heinrich Keil (1822-1894), der Herausgeber der *Grammatici Latini* (1857-1880), und Otto Ribbeck (1827-1899), der Herausgeber der bleibend vorzüglichen kritischen Vergil-Ausgabe, traten, und begründete die neue Sammlung mit dem Titel *Bibliotheca Scriptorum Graecorum et Romanorum Teubneriana*, die 1850 zu erscheinen und sich noch zu seinen Lebzeiten zum Sammelpunkt gereifter Editionsarbeit zu entwickeln begann. Die Bibliotheca wurde und blieb das Gravitationszentrum der Teubnerschen Altertumswissenschaft. Mit der Gründung der *Bibliotheca Teubneriana* begann eine neue Epoche des Verlages.

P. VERGILI MARONIS

AENEIDOS LIBRI I–VI.

APPARATV CRITICO IN ARTIVS CONTRACTO

ITERVM RECENSVIT

OTTO RIBBECK.

℥

LIPSIAE
IN AEDIBVS B. G. TEVBNERI.
MDCCCXCV.

Vorbereitet durch seine typographische Kunstfertigkeit und seine Erfahrenheit in philologischem und mathematischem Satz, schuf Benedikt Gotthelf Teubner mit der Altertumswissenschaft und der Mathematik die herakleischen Säulen seines Verlages. Die *Bibliotheca Teubneriana*, die nur mit der *Bibliotheca Oxoniensis* verglichen werden kann, ist, 150 Jahre nach des Gründers Tod, mit mehr als 500 kritischen Standardausgaben griechischer und lateinischer Schriftsteller, gekrönt von der 1998 bis 2000 erschienenen Ilias-Ausgabe Martin Wests, die in der philologischen Welt führende Reihe für Gelehrte und Studierende geblieben.

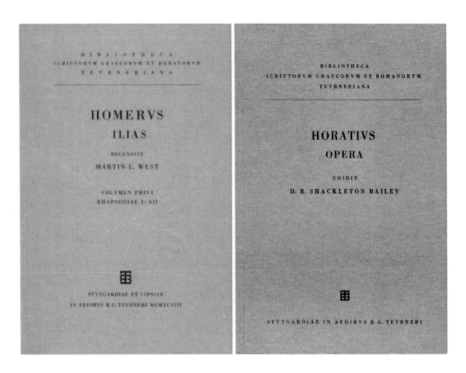

Ein Brief, den er in seinem letzten Lebensjahr empfing, beleuchtet sein Charakterbild und seinen verlegerischen Wuchs. Friedrich Ritschl (1806-1876), der große Gelehrte, Begründer der Bonner Schule der klassischen Philologie, Lehrer Nietzsches und seiner Bonner Nachfolger Hermann Usener und Franz Bücheler, Herausgeber der kritischen Plautus-Ausgabe, schreibt aus Karlsbad am 7. August 1855 an Benedikt Teubner: »Wie oft habe ich schon beklagt, daß Meran nicht in Böhmen liegt oder der Sprudel in Meran springt, seit ich weiß, daß Sie hier die Stärkung und Erholung suchen, deren Sie *nach* so unermüdlicher und großartiger Thätigkeit, und *zu* immer neuer, begreiflicher Weise so sehr bedürfen [...] – Gebe der Himmel, daß mir Karlsbad und das zur Nachcur verordnete Gastein wieder (im eigentlichsten Sinne des Wortes) auf die Beine hilft, und daß ich nicht gar Bankerot mache, wenn ich auch nicht hoffen darf, mit aller Nacheiferung Ihrem Vorbilde nahe zu kommen in Jugendfrische und Rüstigkeit. Denn von dieser zeugt ja nicht nur alles was ich zu meiner

Freude über Sie höre, sondern auch alles was ich mit meinen Augen sehe: so zahlreiche und gereifte Früchte Ihrer Verlagsthätigkeit, daß man nicht anders kann als von ihr sagen, sie habe sich mit Adlerschwingen über alles übrige Gevögel im philologischen Fache emporgehoben und nehme in der künftigen Geschichte der Philologie einen würdigen Platz ein [...] Eben haben ja nun auch die Grammatici Latini angefangen glorreich ans Licht zu treten; ich durfte das kaum fertig gewordene erste Heft aus Ihrer Offizin mit hierher nach Karlsbad nehmen und mich hier der durchaus gediegenen Arbeit gründlich erfreuen [...] Erhalten Sie mir, verehrter Mann, Ihr schätzbares Wohlwollen fernerhin, zunächst bis zum nächsten Jahre, wo ich vielleicht so glücklich bin Sie in dauernder Rüstigkeit in Leipzig zu begrüßen.«[17]

Bereits 1857, ein Jahr nach Benedikt Teubners Tod, begann durch Friedrich Ritschl in Leipzig und Franz Halm in München sowie Franz Bücheler in Bonn der Plan zu wachsen, ein Wörterbuch der lateinischen Sprache als vollständiges Historisches Lexikon des antiken Lateins zu schaffen. Gestützt von den kartellierten Akademien und wissenschaftlichen Gesellschaften in Berlin, Göttingen, Leipzig, München und Wien, konnte die Arbeit schließlich im Jahr 1893 aufgenommen werden, gefördert namentlich von Hermann Diels, Theodor Mommsen, Ulrich von Wilamowitz-Moellendorff, Friedrich Leo, Otto Ribbeck, Friedrich Karl Brugmann, Eduard Wölfflin und Franz Bücheler. Der *Thesaurus linguae Latinae* begann 1900 bei B. G. Teubner zu erscheinen. So trat neben die *Bibliotheca Teubneriana* das umfassende Lexikon als größtes Lieferungswerk des Verlages, das bis zum Ende des 20. Jahrhunderts auf 150 Faszikel zu je achtzig Seiten Folioformat angewachsen war und das bis zu seiner Vollendung noch drei Jahrzehnte benötigen wird. [18]

Die Früchte der Verlagstätigkeit, die Ritschl in seinem Brief rühmte, reiften nicht allein auf dem philologischen Feld. In seinem letzten Lebensjahrzehnt erbaute Benedikt Teubner das zweite Verlagsfundament der Mathematik, mit der Mechanik als Bindeglied zwischen mathematischer Theorie und Technik, und er gründete das erste Fachorgan, die *Zeitschrift für Mathematik und Physik*. Er und seine Erben als Nachfolger errichteten auf diesem Fundament den Bau des mathematisch-naturwissenschaftlich-technischen Verlages, mit dem Forschungsmittelpunkt der 1868 gegründeten *Mathematischen Annalen*, der Teubnerschen »Entdeckungszeitschrift«, die im Urteil der Fachgenossen den Verlag zur »Heimat der deutschen Mathematik« machte, und mit der vom Jahr 1895 an erscheinenden *Encyklopädie der mathematischen Wissenschaften mit Einschluß ihrer Anwendungen*, an der die bedeutendsten Gelehrten, wie Felix Klein, David Hilbert, Theodore von Kármán, August Föppl, Ludwig Prandtl, Hermann Minkowski, Wolfgang Pauli, Hendrik A. Lorentz, Max von Laue, Max Born, als Autoren und Herausgeber mitwirkten und die nach vierzig Jahren, mit einem Gesamtumfang von mehr als 20.000 Druckseiten, 1935 abgeschlossen wurde.[19]

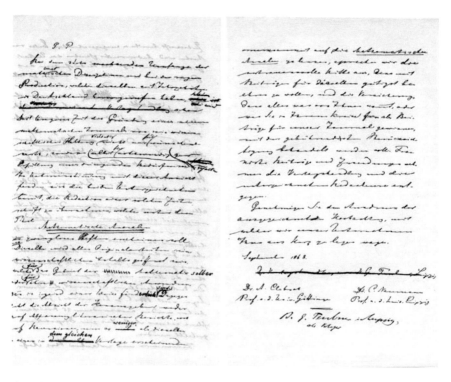

Prospektentwurf von A. Clebsch und C. Neumann
für die *Mathematischen Annalen* (September 1868)

Dank dieser von Benedikt Teubner mit schöpferischer Kraft belebten urwüchsigen Entwicklung seines Unternehmens, die den Verlag mit den Fortschritten der philologischen, mathematisch-naturwissenschaftlichen und ingenieurwissenschaftlichen Disziplinen verband, wurde B. G. Teubner seit 1850 für die Altertumsforscher und seit 1870 für die Mathematiker der wichtigste Verleger. So entstand in den acht Jahrzehnten nach Benedikt Teubners Tod der Universalverlag B. G. Teubner in der geprägten Form des wissenschaftlichen Verlages und des technischen Fachverlages sowie des Schulbücher-Verlages als größtes deutsches verlagsbuchhändlerisches Unternehmen bis zum Zweiten Weltkrieg.[20]

Benedikt Teubner säte nicht unter die Hecken. Er schuf und kultivierte für den Lebensraum von vier Generationen den tiefen Nährboden, der in zwei Jahrhunderten dauerhaften Ertrag brachte. Sein Grundsatz »Was gemacht werden kann, wird gemacht« blieb für seine Schwiegersöhne und Nachfolger Adolf Roßbach (1822-1898) und Albin Ackermann (1826-1903) sowie für die Enkel- und Urenkel-Nachfolger Dr. Alfred Ackermann (1857-1941) und Dr. Alfred Giesecke (1868-1945) und desgleichen für deren Nachfolger Erich Ackermann (1900-1983) und Martin Giesecke (1908-1965) die bindende Maxime der Unternehmensführung.

Die *confessio redemptoris*, das Bekenntnis des Unternehmers, legte Benedikt Teubner schon 1827 in der Rede auf seinen Freund Carl Tauchnitz ab: »Unser Geschäft ist keineswegs ein gewöhnliches Gewerbe, oder eine bloß mechanische Beschäftigung, die auf sich selbst des lieben Brotes willen sich beschränkt, sondern auch abgesehen von der Kunstvollkommenheit, zu der es sich erheben läßt, zu der wir es hier erhoben haben, ist es ein Geschäft recht geistiger Natur, in dem wir uns weit über den gewöhnlichen Standpunkt erheben, die Wissenschaft und geistige Bildung kräftig fördern, und nicht bloß uns selbst und dem Staate, sondern der Welt – und zwar der geistigen – nützen können. Dies aber ist das Höchste, weil es von unserem geistigen Ich ausgeht, welches nicht vergeht, sondern über Grab und Zeit dauert«.[21]

Dem ihm seit 1813 verbundenen Freund Friedrich Arnold Brockhaus aber gilt sein tiefstes Bekenntnis, ein Zeugnis seiner Innigkeit, Beharrlichkeit und Treue: »Für wen ich einmal lebe, da webe ich auch aus voller Seele«.[22]

»*Aliis inserviendo consumor*« – dienend sich verzehren und erfüllen –, so vollendet sich das Leben unseres Typographen und Verlagsbuchhändlers Benedictus Gotthelf Teubner, das unsterblich »über Grab und Zeit dauert«.

Blatt aus Benedictus Gotthelf Teubners Rede
auf seinen Freund Karl Tauchnitz, Leipzig 1827

Der Verlagskatalog B. G. Teubner 1933

B. G. Teubner hat sich stets als Glied der Wissenschaft, als deren verbreitende Sparte verstanden. Eduard Norden schrieb 1928 vom Standpunkt der Altertumswissenschaft, daß der Verlag B. G. Teubner »es stets verstanden hat, mit den Wissenschaftserfordernissen in Wechselwirkung zu treten«.[23)] Durch nahezu 30.000 selbständige Verlagswerke, die auf den Hauptarbeitsgebieten der Altertumswissenschaft und Geisteswissenschaften, der Mathematik und der Naturwissenschaften, der Ingenieurwissenschaften Maschinenbau, Elektrotechnik und Bauwesen sowie aller Unterrichtsfächer des Schulbücher-Verlages erschienen, nahm B. G. Teubner an der Forschung, Lehre und Anwendung sowie der Schulbildung vermittelnd und fördernd teil. Dieser Vierpaß von Forschung, Lehre, Anwendung und allgemeiner Bildung ist das Maßwerk im Baugefüge des Teubnerschen Unternehmens. Der Gründer und seine Nachfolger haben durch ihre Zuwendungsarbeit die »Ramificationen der Wissenschaft«[24)], von denen Goethe spricht, die Verästelungen und Verzweigungen am Baum ihrer Disziplinen, auszuprägen geholfen.

Der Vierpaß wirft ein Licht auch auf die großen Verlagskataloge, namentlich den Katalog von B. G. Teubner aus dem Jahr 1933.[25)] Dieser umfassendste Katalog der ersten Jahrhunderthälfte wurde 77 Jahre nach dem Tod des Gründers der Firma ausgegeben. Er ist ein Brennpunkt der Tendenzen des Zeitalters.

Der Verlagskatalog 1933 enthält den Wurzelstock und zeigt den Wuchs aller schöpferischen Kräfte des Verlages und seiner Autoren. Er lenkt den Blick in das Erdreich der Ideen und der aus ihnen gestalteten Formen. Sie verkörpern die Entelechie des Verlages als »geprägte Form, die lebend sich entwickelt« im Sinne Goethes. Die Idee des Autors und des Unternehmers stehen als Triebkräfte in starker Wechselwirkung. Wert und Dauer des vollendeten Werkes beglaubigen die Güte der Idee.

Der Verlagskatalog von 1933 versammelt die im Laufe von achtzig Jahren erschienenen lieferbaren Werke aus den altertums- und geisteswissenschaftlichen, den mathematisch-naturwissenschaftlichen und den technischen Sparten sowie die Unterrichtswerke des Schulbücher-Verlages. Er ist das letzte Zeugnis der *universitas litterarum* der ersten Jahrhunderthälfte in Deutschland. Er enthält noch alle Autoren, welche ihre Disziplinen als Gelehrte von Gewicht vertraten. Ihre erstmals angekündigten Werke stehen neben den seit Jahrzehnten in Forschung und Lehre wegweisenden und vielfach durch Neuauflagen weitergeführten Lehrbüchern und Monographien.

Den Katalog von 1933 zog ich – zum letzten geschäftsführenden Nachfolger des Gründers der Firma berufen – 1969 und in den Folgejahren wiederholt zu Rate, um die Ideen und Entscheidungen meiner Vorgänger zur Förderung der Verlagszweige zu verstehen und Anregungen zur Weiterentwicklung der Disziplinen und Begründung neuer Verlagssparten zu gewinnen. Der Katalog gab mir aber auch mannigfaltige Rätsel auf, die ich lange nicht auflösen konnte. Diese rätselhaften Sachen waren angekündigte neue Verlagswerke, die nie, oder, wenn es sich um neue Auflagen bewährter Bücher handelte, nie wieder im Teubnerschen Verlag erschienen. Ich ging diesen Werken nach, fand ihr Geschick heraus und erfuhr die Lebensschicksale ihrer Autoren. Ihre Bücher konnten nicht mehr oder nicht wieder erscheinen und verbreitet werden, weil die Verfasser jüdischer Abstammung waren und bereits 1933 oder in den Folgejahren Deutschland verließen, um dem Zwang der sie bedrohenden Gesetze, der das Recht beugenden neuen Macht zu entkommen und ihr Leben zu retten.

Der Verlagskatalog 1933 half, dem Leben großer Gelehrter und Autoren nachzugehen, die eine existentielle Erfahrung miteinander verbindet: sie erlitten den »Umbruch«, wie der berühmte Bonner Geograph Alfred Philippson (1864-1953) – der Theresienstadt überlebte – das Unheilsjahr 1933 nannte, als der Antisemitismus zu einer Richtlinie der deutschen Regierungspolitik erhoben wurde. Durch den »Umbruch« wurde auch die Neuherausgabe der fünften Auflage des erstmals 1904 bei B. G. Teubner erschienenen Buches von Philippson, *Das Mittelmeergebiet, seine geographische und kulturelle Eigenart*, verhindert. Die den »Umbruch« erlitten, verloren ihr Lehramt an deutschen Universitäten; sie wurden der deutschen Sprache und Wissenschaft entrissen, so auch ihrem Verlag, aber auch aus der Gefahr im Malstrom der Macht gerettet.

Ihre wissenschaftliche Lebensarbeit sollte nach dem Willen der neuen Machthaber in den Annalen des deutschen Schrifttums getilgt werden. Ihre Namen und Werke wurden nach der Weisung der Reichsschrifttumskammer im Teubnerschen Verlagskatalog von 1936[26)], dem sogenannten

»purgierten« Katalog, ausgemerzt; mit wenigen Ausnahmen: von Autoren jüdischer Abkunft stammende Monographien in Enzyklopädien und deren Sonderausgaben wurden nach 1933 weiterhin verbreitet und auch in Katalogen nicht getilgt; die 1936 abgeschlossene und vollständig lieferbare *Encyklopädie der mathematischen Wissenschaften* enthält die Arbeiten von Max Born, Wolfgang Pauli und anderen führenden Vertretern ihres Faches, die Enzyklopädie *Kultur der Gegenwart* umfaßt zwei Beiträge Albert Einsteins, die mehrbändige *Einleitung in die Altertumswissenschaft* wichtige Beiträge von Victor Ehrenberg, Paul Maas und Eduard Norden. Norden, der große Latinist und einflußreiche Berliner Ordinarius, genoß offensichtlich Toleranz und Privilegien bis zur Emeritierung; sein letztes für Teubner verfaßtes Buch Altgermanien konnte noch 1934 erscheinen und unbehindert verbreitet werden. Nicht wenige Werke jüdischer Verfasser waren im Katalog mit dem Vermerk »U. d. Pr.« angekündigt; diese Abkürzung lautete »Unter der Presse« und besagte, daß das bezeichnete Werk im Ausgabejahr des Kataloges oder im Folgejahr an den Buchhandel ausgeliefert werde. Viele »unter der Presse« oder »in Vorbereitung« befindliche Verlagswerke erblickten nicht mehr das Licht der Öffentlichkeit.

Einen Monat nach der Ausgabe des Verlagskataloges von 1933 an den Buchhandel und die Privatkunden und kaum ein Vierteljahr nach der Machtübernahme wurde am 7. April 1933 das »Gesetz zur Wiederherstellung des Berufsbeamtentums« erlassen.[27)] Dieses Gesetz, das alle Bürger jüdischer Herkunft von Staatsstellungen ausschloß, war der Machthebel der Relegation aller Hochschullehrer ›nichtarischer‹ Abstammung, die auch ihre Mitgliedschaft oder beamtete Stellung in den wissenschaftlichen Akademien und Gesellschaften, etwa in der Preußischen Akademie der Wissenschaften und der Kaiser-Wilhelm-Gesellschaft als den bedeutendsten, verloren und schutzlos wurden, verfolgt, zur Flucht getrieben oder Opfer der Schoah.

Das politische Unheil, das 1933 einsetzte, machte viele Hoffnungen namentlich im wissenschaftlichen Leben zunichte. Große Gelehrte verließen Deutschland, und starke Hauptzweige der von ihnen getragenen Forschung fanden in England oder Amerika zu neuer Blüte, etwa die Kunstgeschichte durch Erwin Panofsky. Das Leben vieler wissenschaftlicher Disziplinen nahm in Deutschland unheilbaren Schaden.

Walter Eucken, der Freiburger Nationalökonom – dem Theologen Dietrich Bonhoeffer sowie Carl Goerdeler, dem früheren Leipziger Oberbürgermeister, und dem Kreisauer Kreis um Helmut Graf von Moltke nahestehend –, Mitschöpfer einer neuen Wirtschafts- und Sozialordnung, welche die Grundlage der nach dem Krieg entwickelten Sozialen Marktwirtschaft bildete, notierte am 21. Oktober 1935 in seinem Tagebuch: »Alle Juden werden beurlaubt oder aus dem Staatsdienst entlassen. Überall Mißhandlungen. Diese Sünde, die das deutsche Volk begeht, indem es wehrlose Menschen seelisch und körperlich mißhandelt, wird sich an ihm furchtbar rächen«.[28]

Durch die gesetzlich verfügte Deprivation mit nachfolgendem Exodos der Gelehrten jüdischer Abkunft wurde die *universitas litterarum* zerstört.

Die betroffenen Gelehrten vertraten ihre Disziplinen als Autoritäten in Forschung und Lehre. Friedrich Nietzsche wünscht sich in einem Brief vom März 1887 »eine Liste deutscher Gelehrter, Künstler, Dichter, Schriftsteller, Schauspieler und Virtuosen von jüdischer Abkunft oder Herkunft [...] (Es wäre ein wertvoller Beitrag zur Geschichte der *deutschen Cultur*, auch zu deren *Kritik*)«.[29]

Aus dem Verlagskatalog von 1933 möchte ich nun neun Autoren hervorheben, deren Verlagswerke Marksteine ihres Faches sind, und ihrem Leben und Wirken nachgehen, soweit ich zu ihren Quellen vordringen konnte:

Eduard Norden, Paul Maas, Eduard Fraenkel und Eugen Täubler in der Altertumswissenschaft;

Alfred Einstein in der Musikwissenschaft;

Albert Einstein und Max Born in der Physik;

Hermann Weyl in der Mathematik;

Franz Ollendorff in der Elektrotechnik.

Acht Autoren sind jüdischer Abkunft; sie verließen Deutschland in der Zeit von 1933 bis 1941 und wirkten fortan in Amerika, in England, in Palästina und in der Schweiz. Nur ein Autor, der Mathematiker Hermann Weyl, ist Nichtjude; solidarisch mit seinen Göttinger Freunden, insbesondere mit Max Born, einem seelischen Zusammenbruch nahe, schüttelte er, wie er selbst sagte, den »Staub des Vaterlandes von den Füßen« und ging nach Princeton, wie auch Albert Einstein, forschend und lehrend am »Institute for Advanced Study«. Weyl bekannte stellvertretend: »Was aber Heimat ist, habe ich verlernen müssen«.[30]

Diesen Kreis von neun Gelehrtenleben erweiternd, gedenke ich noch eines großen Gelehrten und Autors von B. G. Teubner, des Münchener Gräzisten und Humanisten Rudolf Pfeiffer (1889-1979). Gleich Hermann Weyl Nichtjude, wurde er 1937 durch die neuen Machthaber von seinem Lehrstuhl entfernt, weil seine Frau Jüdin war – dieses Schicksal erlitt aus dem gleichen Grund Karl Jaspers in Heidelberg –; er verließ Deutschland 1938 und fand eine zweite Heimat in Oxford, bis er 1951 schließlich als Ordinarius nach München zurückkehrte. Rudolf Pfeiffer verdanken wir das Jahrhundertwerk der Callimachus-Ausgabe, die 1949 bis 1953, und die *Geschichte der klassischen Philologie (History of Classical Scholarship)*, die 1968 in der Clarendon Press, Oxford, erschien. 1931 war sein kleines Werk *Humanitas Erasmiana* bei Teubner herausgekommen, in dem er auf die notwendige Selbstbehauptung des menschlichen Geistes »in allen Zeiten andringender Barbarei« hindeutete.[31] Eduard Schwartz (1858-1940), sein Münchener Vorgänger, stellte ihm ein »Testimonial« für Oxford aus, in dem er schreibt: »Rudolf Pfeiffer [...] steht durch Sprachkenntnis und Kombinationsgabe unter den deutschen Philologen der mittleren Generation an erster Stelle; an vielseitiger humanistischer Bildung überragt er alle [...]. Unter den Verlusten, die die klassische Philologie in Deutschland seit 1933 hat erleiden müssen, ist der Pfeiffers besonders schwer zu ertragen und auf keine Weise zu ersetzen.«[32]

Ihre Unersetzlichkeit gab auch den neun Gelehrten, die wir nun behandeln, ihren Rang im deutschen Geistesleben und im Leben der gesamten wissenschaftlichen Welt.

I. Eduard Norden (1868-1941)

Antike Kunstprosa – Germanische Urgeschichte – Aus altrömischen Priesterbüchern

Eduard Norden, Ordinarius der klassischen Philologie an der Universität Berlin von 1906 bis 1935, schrieb für die seinem Verleger und Freund Alfred Giesecke-Teubner zu dessen 60. Geburtstag im Jahre 1928 gewidmete Schrift *Wirtschaft und Idealismus* den Beitrag »Der Verlag B. G. Teubner und die Altertumswissenschaft«. Hier spricht er eine auf dreißig Jahren der Zusammenarbeit beruhende Erfahrung aus:

»Die Wissenschaft ist, was Platon, ihr Schöpfer, wußte, Aristoteles, ihr Systematiker, verkannte, ein ewig Unfertiges. Dies ist ihr Stolz, und für ihren Diener liegt das erhebendste Bewußtsein gerade darin beschlossen, daß das Beste, was er nach seinem Vermögen bietet, doch nur ein Steinchen zu dem Bau einer Pyramide ist, deren Gipfel sich in den Wolken verbirgt. Ein solcher Μουσάων θεράπων ist auch der Verleger großen Zuschnitts: er trägt seine Autoren und wird durch sie getragen, κοινός Ἑρμῆς [...] ein ideenreicher und schöpferischer Verleger weist manchem Autor ein Ziel, das dieser sonst entweder nie gesucht oder nur auf einem Umwege erreicht hätte; der Verleger hat für den Pendelschlag des sich aus vielen Rädchen zusammensetzenden Uhrwerkes des Wissenschaftsbetriebes oft ein feineres Gehör als der Autor, der meist nur seine eigene Kette aufzieht, ohne zu begreifen, daß ein so komplizierter Mechanismus nur in Gang gehalten werden kann, wenn jedes Glied dem Zusammenhange des Ganzen dient. Diese planvolle Gesetzmäßigkeit im Großen mit der Ausprägung freier, schöpferischer Individualität in Einklang zu bringen und daher neben Übernahme des Herkömmlichen, Notwendigen und Sicheren gelegentlich auch einen Sprung ins Dunkle und der Berechnung Unzugängliche zu wagen, ist vielleicht die verantwortungsvollste Aufgabe, deren Lösung die Vereinigung von Sachverständnis und Menschenkenntnis, Unternehmungslust und Wagemut erfordert. [...] Das Wort, das Fr.[iedrich] Ritschl im Jahre 1855 an den Begründer der Firma schrieb, ihre Verlagstätigkeit habe sich mit Adlerschwingen im philologischen Fache emporgehoben, wird jedem Inhaber der Firma zum Ansporn dienen.«[33]

Norden entstammte der von Friedrich Ritschl (1806-1876) begründeten Bonner philologischen Schule, die seine Schüler Hermann Usener (1834-1905) und Franz Bücheler (1837-1908) zu voller Blüte brachten, neben und nach Otto Jahn (1813-1869), dem Lehrer Theodor Mommsens und Ulrich von Wilamowitz-Moellendorffs, der in Bonn eine philologisch-archäologische Forschungstradition begründete, die bis weit in das 20. Jahrhundert hineinreichte. Usener und Bücheler, die Bonner »Dioskuren«, waren Nordens Lehrer. Ritschl, Jahn, Usener und Bücheler vertrauten B. G. Teubner ihre Werke an, die der deutschen Altertumswissenschaft Ruhm und Dauer im Weltkreis verliehen.

I. Eduard Norden (1868-1941) 31

Mit Eduard Norden, dem achtundzwanzigjährigen Greifswalder Ordinarius, schloß der Teubnersche Verlag am 4. November 1896 den ersten Vertrag über das Werk *Die antike Kunstprosa vom VI. Jahrhundert v. Chr. bis in die Zeit der Renaissance*. Diese Darstellung in zwei Bänden erschien im Jahre 1898, durch die Widmung Franz Bücheler zugeeignet: »Dem Herrn Verleger, der sich nicht gescheut hat, bei dem gegenwärtigen äußerlichen Niedergang der *optimae litterae* ein Werk von diesem Umfang zu übernehmen und mit seinem persönlichen Interesse zu begleiten, schulde ich, wie so viele Fachgenossen vor und mit mir, wärmsten Dank, wie einst die Renaissancephilologen dem Aldus Manutius«.[34]

Ein Neudruck des Werkes wurde 1909 erforderlich, eine dritte, um Nachträge vermehrte Auflage 1915. Die zehnte Auflage gab der Verlag als Neudruck der dritten Auflage im Jahre 1995 heraus.[35] *Die antike Kunstprosa* diente den Generationen mehr als ein Jahrhundert lang bis zur Gegenwart als das die literar- und stilgeschichtlichen Zusammenhänge der Kunstprosa in 2.000 Jahren aus den Quellen ermittelnde Fundamentalwerk.

Den letzten Verlagsvertrag schloß B. G. Teubner mit Norden 35 Jahre später, am 4./6. Juli 1931, über dessen letztes in Deutschland erschienenes Buch, das im Katalog von 1933 unter dem Titel »Decumates agri. Kelten, Römer und Germanen in Südwestdeutschland« angekündigt und das am 7. August 1934 mit dem endgültigen Titel *Altgermanien. Völker- und namengeschichtliche Untersuchungen* an den Buchhandel ausgeliefert wurde.[36]

Für die dem Vertrauen entspringende Wechselwirkung zwischen dem Autor und seinem Verlag ist der Brief Eduard Nordens vom 27. März 1933 ein beredtes Zeugnis. Alfred Giesecke blieb Norden bis zum Lebensende in freundschaftlicher Gesinnung verbunden. Der Brief hat die Form einer »Erklärung«:

»In Anbetracht der Tatsache, daß die Autorkorrekturen, die ich auf den Fahnen meines Manuscripts ›Decumates agri‹ u.s.w. bei viermaliger Revision vornahm, an Umfang fast einem neuen Manuscripte gleichkommen, verzichte ich auf Honorar nicht nur für dieses Buch, sondern auch für etwaige Neuauflagen meiner früheren, im Teubnerschen Verlage erschienenen Bücher und Schriften sowie für meine Redaktionstätigkeit bei der

›Einleitung in die Altertumswissenschaft‹. Diese Verzichtleistungen sollen so lange Gültigkeit besitzen, bis sich die außergewöhnlichen Unkosten des Verlages für die Herstellung des Buches ausgeglichen haben werden. Die ausgezeichneten Erfahrungen meiner geschäftlichen Verbindungen mit der Firma lassen mir diese Erklärung als Pflicht und als Ausdruck des jahrzehntelangen gegenseitigen Vertrauens erscheinen.«

Das letzte Buch Nordens, *Aus altrömischen Priesterbüchern* – »Dem Gedächtnis Franz Büchelers geweiht« –, konnte 1939, nach der Emigration des Autors, nicht mehr bei B. G. Teubner erscheinen und wurde von der Kgl. Humanistischen Wissenschaftsgesellschaft in Lund in ihrer Schriftenreihe veröffentlicht.[37] Im Vorwort schreibt Norden: »Äußere Umstände brachten es mit sich, daß die Absicht, das Buch im Sommer 1937 erscheinen zu lassen, als sich Büchelers Geburtstag zum 100. Male jährte, nicht ausgeführt werden konnte; aber der Dank an einen Toten, dessen Geist lebendig wirkt, *saecula vincit*«.[38]

In Berlin, der »wissenschaftlichen Hauptstadt Deutschlands« (Wilamowitz), schuf Norden im Verein mit Ulrich von Wilamowitz-Moellendorff (1848-1931) und Hermann Diels (1848-1922) einen weit ausstrahlenden Mittelpunkt der klassischen Philologie. Bei der Verleihung der Ehrendoktorwürde der Harvard University im Jahre 1936 wurde Norden eingeführt als »the most famous latinist of the world«.[39]

Wir folgen seinem Leben und seinen Arbeiten von der Jahrhundertwende an. 1903 erschien – in der von Georg Kaibel (1849-1901) begründeten Verlagsreihe *Sammlung wissenschaftlicher Commentare* – sein Buch *P. Vergilius Maro. Aeneis Buch VI. Erklärt von Eduard Norden*. Dieser Kommentar begründete, gemeinsam mit dem gleichzeitig erschienenen Werk *Virgils epische Technik* von Richard Heinze (1867-1929), die Vergil-Renaissance des 20. Jahrhunderts. Wilamowitz sagte, Norden habe zusammen mit Heinze »den in Deutschland arg verkannten Dichter in das gebührende Licht« gestellt. Die zweite Auflage des Nordenschen Buches, die einer Neubearbeitung gleichkam, folgte 1916, die dritte Auflage 1927.[40]

Im ersten Jahrzehnt des neuen Jahrhunderts entstand durch die Initiative Alfred Gieseckes der Plan einer umfassenden Einführung in die Altertumswissenschaft, und auch die Anlage des Ganzen ging auf den Mitinhaber der Verlagsfirma zurück. Im April 1904 schloß Giesecke den Vertrag mit den ausersehenen Herausgebern Alfred Gercke und Eduard Norden. Das Werk erschien in den Jahren 1910 bis 1912 unter dem Titel *Gercke-Norden, Einleitung in die Altertumswissenschaft* in drei Bänden von insgesamt mehr als 1.500 Druckseiten Quart. Neben den Herausgebern wirkten dreizehn namhafte Gelehrte an diesem Unternehmen mit.[41]

Das Werk fand eine über Erwarten günstige Aufnahme bei einem großen Käuferkreis; die erste Auflage war in weniger als drei Jahren vergriffen, und bereits ab 1912 mußte die zweite Auflage angeschlossen werden. Für die dritte Auflage bedurfte die »Einleitung« der Vervollkommnung durch Neubearbeitung und der allseitigen Ausgestaltung durch neue Disziplinen, wie griechische und lateinische Epigraphik und Paläographie, Papyruskunde und Textkritik, besonders aber durch den Beitrag *Geschichte der Philologie* von Wilamowitz, der, im Urteil der Herausgeber, »das Gesamtwerk propyläenartig zugleich einleitet und krönt«.[42] Die dritte Auflage des Gesamtwerkes entstand in längerer Vorbereitungszeit unter Mitwirkung von 22 Fachkollegen und erschien im Jahre 1927.[43]

Dem unablässigen Zuspruch Nordens verdanken wir die *Geschichte der Philologie* von Ulrich von Wilamowitz-Moellendorff: »So etwas gibt es überhaupt noch nicht, es ist also zu allem anderen auch ein Novum. Und diese belebende, jugendliche Frische« – so schreibt Norden an seinen Kollegen und Freund am 6. Mai 1921, dem Jahr, in dem das Buch erschien; und er fährt fort: »Der ganze Schlußabschnitt in seiner Milde und Weisheit ist wie ein in die Zukunft leuchtendes Auge, wie ein Vermächtnis, das nun spätere Generationen an der Verwirklichung, die sie ihm geben werden, prüfen müssen. Dies und überhaupt das Ganze konnten so nur Sie machen [...]«.[44]

Der Verlag hat diesen *libellus aureus* des größten Hellenisten des 20. Jahrhunderts, versehen mit einem eindringenden Nachwort von Albert Henrichs, als dritte Auflage 1998 wiedererscheinen lassen.

Für die *Einleitung in die Altertumswissenschaft* schrieb Norden selber den Abriß *Die römische Literatur*, der 1927 die dritte Auflage erreichte.

Wir blicken, ehe wir seinen »Leidensweg« in den dreißiger Jahren beschreiben, auf die Werke Nordens, die zwischen 1912 und 1934 entstanden.

Das 1913 erschienene Buch *Agnostos Theos. Untersuchungen zur Formengeschichte religiöser Rede* entfaltete sich aus dem Kern der Areopagrede des Apostels Paulus, wie sie im 17. Kapitel der Apostelakten wiedergegeben ist. »[...] Die Analyse der Areopagrede führte mich auf Untersuchungen zur Formengeschichte der religiösen Rede überhaupt«.[45]

Im Jahre 1914 begann Norden das Buch über die germanische Urgeschichte, eingedenk des Wortes von Jakob Grimm: »Nirgends wo europäische Geschichte beginnt, hebt sie ganz von Frischem an, sondern setzt immer lange dunkle Zeiten voraus, durch welche ihr eine frühere Welt verknüpft wird.«[46] Diese umfängliche Darstellung von 29 Bogen wurde 1915 mit Alfred Giesecke verbindlich verabredet, 1918 unter Vertrag genommen und 1920 veröffentlicht unter dem Titel *Die germanische Urgeschichte in Tacitus' Germania*. Bereits 1922 folgte ein zweiter berichtigter Abdruck, dem sich 1923 ein dritter, um Anhänge wesentlich ergänzter Neudruck anschloß.[47]

Vier Jahre nach der Urgeschichte erschien 1924 im Rahmen der *Studien der Bibliothek Warburg*, die bis 1935 von B. G. Teubner verlegt wurden, das Buch *Die Geburt des Kindes. Geschichte einer religiösen Idee*, eine die Forschung belebende Auslegung der vierten Ekloge Vergils. Der zweite Neudruck folgte 1931; der vierte Neudruck wurde 1969 ausgegeben.

Die »völker- und namengeschichtlichen Untersuchungen«, die in neun Jahren entstanden und die unter dem Titel *Altgermanien* Ergebnisse der Prähistorie und Geschichte, der Ethnologie und Sprachkunde durch philologische Betrachtungsweise in neuer Auslegung vereinigen, waren das letzte Buch Nordens, das bei B. G. Teubner im Jahre 1934 erscheinen konnte.

Norden – einer jüdischen Familie in Emden, Ostfriesland, entstammend und seit dem siebzehnten Lebensjahre getaufter Christ protestantischen Glaubens – blieb persönlich überhaupt bis zu seiner Emeritierung unbehelligt. Noch schützte ihn der ihm vor 1914 verliehene Beamtenstatus. Er versah bis 1935 das Amt des Direktors des Institutes für Altertumskunde. Seine letzten Vorlesungen hielt er im Februar 1935; am 1. April 1935 wurde er emeritiert.

Doch schon 1934 wurde er gezwungen, seine Mitgliedschaft in der Zentraldirektion des Deutschen Archäologischen Institutes niederzulegen.

Zum Jahresende 1935 wurde ihm die Lehrbefugnis, die ihm als Emeritus zustand, entzogen. Die tiefste Demütigung erfuhr Norden durch den erzwungenen Entschluß, seinen Austritt aus der Preußischen Akademie der Wissenschaften am 12. Oktober 1938 zu erklären. Seit 1912, mehr als 25 Jahre, gehörte er dieser berühmtesten wissenschaftlichen Gesellschaft an. Die Sondergesetzgebung, die der »Reichskristallnacht« folgte, zwang Norden, am 30. November 1938 den Reichsminister für Wissenschaft, Erziehung und Volksbildung, Bernhard Rust, um die Genehmigung zu bitten, mit seiner Frau in die Schweiz überzusiedeln. Der Minister erteilte Norden am 4. Mai 1939 die Genehmigung, vorläufig bis Ende April 1941 seinen dauernden Aufenthalt in der Schweiz zu nehmen. Am 5. Juli 1939 verließ das Ehepaar Norden Berlin und emigrierte nach Zürich. Die Emigration raubte Norden nicht nur die Heimat, vielmehr das Bewußtsein des auch im Alter erfüllten Daseins. 1940 schrieb er an den ihm nahestehenden Theologen Hans Lietzmann (1875-1942): »Die acedia, die von mir Besitz genommen hat, wird mich nicht mehr verlassen«.[48] Am 13. Juli 1941 starb Norden in Zürich.

Sein von den Ereignissen der »Reichskristallnacht« überschattetes letztes Buch *Aus altrömischen Priesterbüchern*, das er etwa 1935 begann und »dessen Leidensweg«, wie er schrieb, »unvorstellbar gewesen ist«, begleitete Norden in die Emigration. Werner Jaeger (1888-1961), der als Berliner Ordinarius 1936 einem Ruf nach Chicago gefolgt war, teilte er im Brief vom 2. Februar 1939 aus Berlin mit: »Ich kann noch arbeiten: wieviel Glücksgefühl strömt aus diesem einen Satze. Das Manuscript des Buches ›Aus altrömischen Priesterbüchern‹ [...] ist fertig [...] Beim Erscheinen werden wir wohl nicht mehr im Vaterlande weilen [...].«[49] Das Buch erschien im Oktober 1939 in Lund; Nordens Freund Martin Nilsson hatte es für die Aufnahme in die Reihe *Acta Reg. Societatis Humaniorum Litterarum Lundensis* empfohlen. Dieses letzte Buch vollendet und krönt das Gelehrtenleben des *princeps philologorum* seiner Epoche.[50]

EDUARD NORDEN

AUS ALTRÖMISCHEN PRIESTERBÜCHERN

ZWEITE AUFLAGE

UNVERÄNDERTER NEUDRUCK
DER ERSTAUFLAGE 1939

MIT EINEM NACHWORT VON
JOHN SCHEID

B. G. TEUBNER STUTTGART UND LEIPZIG 1995

II. Paul Maas (1880-1964)
Griechische Verskunst und Textkritik

Paul Maas begründete bereits im ersten Jahrzehnt des 20. Jahrhunderts seinen wissenschaftlichen Ruf in der klassischen und byzantinischen Philologie. Am Kreuzweg der Neigungen wählte er statt der Mathematik die Philologie (anders als Carl Friedrich Gauß, der sich der Mathematik widmete, seine Abhandlungen in klassischem Latein schrieb und der auch ein großer Altertumsforscher hätte werden können). Seine Lehrer waren Ulrich von Wilamowitz-Moellendorff (1848-1931) in Berlin und Karl Krumbacher (1854-1909) in München. Bereits 1902 erschien seine Untersuchung *Studien zum poetischen Plural bei den Römern* in dem von Eduard Wölfflin gegründeten *Archiv für lateinische Lexikographie und Grammatik*, Band XII, eine fachlich und sprachlich souveräne Darstellung des jungen Gelehrten. Einen Teil dieser Arbeit reichte Maas als Dissertation ein; mit dieser »Gekrönten Preisschrift der Universität München« wurde Maas, zweiundzwanzigjährig, promoviert. Die Dissertation erschien 1903 bei B. G. Teubner.[51]

Schon früh erwarb sich Paul Maas den Ruf einer Autorität auf den Gebieten der griechischen und byzantinischen Verskunst – der Metrik – sowie der Textkritik. Diese Erfahrenheit bewog den philologisch versierten Mitinhaber der Teubnerschen Verlagsfirma, Alfred Giesecke-Teubner, Paul Maas vertraglich den Auftrag zu geben, einerseits eine neue Metrik der byzantinischen Dichter zu verfassen und anderseits eine kritische Ausgabe des größten byzantinischen Kirchendichters Romanos anzufertigen.

Der erste Verlagsvertrag wurde mit Maas am 3. April 1907 über die *Byzantinische Metrik* geschlossen. Dieses Werk bedurfte mehr als dreier Jahrzehnte zu seiner Vollendung. Das Manuskript wurde bis 1939, dem Jahr des tiefsten Einschnitts im Leben des Verfassers, abgeschlossen. Das Buch konnte jedoch bei B. G. Teubner als Beiheft der *Byzantinischen Zeitschrift* nicht mehr erscheinen. Paul Maas mußte das Manuskript bei seiner Flucht im August 1939 in Königsberg zurücklassen. Eine Restitution dieser Arbeit gelang Maas in Oxford, wohin er geflohen war, nicht mehr.

In der von Karl Krumbacher, dem Begründer der Byzantinistik, seit 1892 herausgegebenen *Byzantinischen Zeitschrift* ließ Maas 1906 die grundlegende Untersuchung *Die Chronologie der Hymnen des Romanos* erscheinen. Ihr folgten bis 1910 drei weitere Arbeiten, namentlich *Grammatische und metrische Umarbeitungen in der Überlieferung des Romanos* (1907) und *Das Kontakion* (1910), in der byzantinischen Literatur die poetisch-lyrische, metrische Predigt, gesungen nach Art des Rezitativs. Maas habilitierte sich 1910 an der Universität Berlin und schrieb an Otto Crusius: »Hochverehrter Herr Geheimrat. So bin ich denn glücklich Privatdozent [...]. Daß ich es Krumbacher nicht mehr mitteilen kann, macht mich auch traurig [...] Arbeit sehe ich in Fülle vor mir, das Drängendste ist wohl Romanos. Ich erkläre mich hiermit bereit, die Ausgabe zu machen. Titel etwa: Romanos, auf Grund von Krumbachers Material herausgegeben von P. M. Meinen Dispositionsplan hat Krumbacher in den ›Miszellen zu Romanos‹ publiziert und gebilligt [...]«.[52]

Alfred Giesecke schloß den Verlagsvertrag mit Maas am 5. April 1910 mit folgender Vereinbarung:

»§ 1. Herr Dr. Maas übernimmt auf Grund des ihm von der Königlich Bayrischen Akademie der Wissenschaften in München überlassenen Materials Karl Krumbachers die Fertigstellung der von diesem beabsichtigten Ausgabe des Romanos.

§ 2. Die Ausgabe soll die schriftlich und mündlich vereinbarte Anlage enthalten, indem ein Textband im Umfang von etwa 600 Seiten den Text sämtlicher Hymnen, auch der zweifelhafter Echtheit enthält, während ein zweiter Band im gleichen Umfange Parallelen und Erläuterungen, Indices, Metrik und Leben enthält.«

Maas verpflichtete sich hierbei, das »Manuskript des ersten Bandes bis zum 1 V 11 und des zweiten Bandes bis zum 1 X 12 zu liefern [...]«.

Diese Ausgabe des byzantinischen Kirchendichters aus dem 6. Jahrhundert n. Chr. erschien bei B. G. Teubner jedoch nicht mehr. Maas vollendete die Ausgabe erst in den dreißiger Jahren, mehr als zwei Jahrzehnte nach Vertragsabschluß. Maas bestätigte dies, als er 1939 in der Zeitschrift *Byzantion* 14 – in deutschen Verlagen und ihren Zeitschriften durfte er nicht mehr veröffentlichen – die Edition *Romanos auf Papyrus* erscheinen ließ, »auf Grund meiner handschriftlich vorliegenden kritischen Ausgabe des Romanos«.[53]

Auch dieses Manuskript mußte Maas bei seiner Flucht aus Königsberg zurücklassen. Er hatte jedoch bereits 1931 eine gleichlautende Fassung oder Vorfassung des Manuskriptes seinem Kollegen Ioannes Sykutris in Athen übersandt; nach dessen Tod verwahrte es die Athener Akademie. Nach dem Krieg ließ sich Maas dieses Manuskript in Oxford zustellen, das seit 1957 in der Bodleian Library liegt. Dieses Manuskript bildete die Grundlage für die kritische Ausgabe in zwei Bänden, die mehr als fünfzig Jahre nach der vertraglichen Übereinkunft nicht mehr bei B. G. Teubner, sondern bei zwei anderen Verlagen erschien; der erste Band in der Clarendon Press, der Maas als ständiger Berater besonders verbunden war, der zweite bei de Gruyter: *Sancti Romani Melodi Cantica. Cantica genuina.* Ed. by

P. Maas and C. A. Trypanis. XXXVI, 547 pp. Oxford, Clarendon Press 1963; *Sancti Romani Melodi Cantica. Cantica dubia.* Ed. by † P. Maas und C. A. Trypanis. XX, 223 S. Berlin, de Gruyter 1970.

Im Jahr 1920 wird Maas Extraordinarius in Berlin, mit Beamtenstatus ab 1928. In diesem Jahrzehnt entstanden drei Bücher, durch die Maas neue Maßstäbe für seine Disziplin errichtete. Eduard Norden gewann seinen kompetenten jüngeren Kollegen zur Mitwirkung an der dritten Auflage der von ihm herausgegebenen *Einleitung in die Altertumswissenschaft.*
Paul Maas schrieb für das Teubnersche Fundamentalwerk:
1. *Griechische Metrik,* 1923 (*Gercke-Norden I 7*). Ein durch Nachträge vermehrter Neudruck erschien 1927; ein durch weitere Nachträge vermehrter Neudruck folgte 1929. Eine englische Ausgabe wurde in Oxford 1962 veröffentlicht.
2. *Griechische Paläographie,* 1924 (*Gercke-Norden I a*). Ein vermehrter Neudruck erschien 1927.
3. *Textkritik,* 1927 (*Gercke-Norden I 2*). Die zweite, verbesserte und vermehrte Auflage erschien 1950, die dritte, verbesserte und vermehrte Auflage 1957, die vierte, verbesserte und vermehrte Auflage 1960. Der zweiten Auflage folgte die italienische Ausgabe 1952, mit Einführung von Giorgio Pasquali, der dritten Auflage die englische Ausgabe 1958 und die griechische Ausgabe 1975.

Die *Griechische Metrik* wurde als kleines Meisterwerk bewertet: »als möglichst vorurteilslose Beschreibung der wichtigsten Erscheinungen« bietet sie eine neue Grundlegung der Metrik; sie beeinflußte wichtige Editionen wie die Pindar-Ausgabe von Bruno Snell in der *Bibliotheca Teubneriana.* Die *Textkritik* – mit der Inhaltsabfolge A. Grundbegriffe, B. Recensio, C. Examinatio, D. Folgerungen für die Anlage einer kritischen Ausgabe, E. Beispiele, F. Leitfehler und stemmatische Typen – blieb vier Jahrzehnte ein *libellus aureus* der Altertumskunde.

Als philologische Autorität wird Paul Maas 1930 auf den Lehrstuhl für klassische Philologie, insbesondere auch für die byzantinische Philologie, an der Universität Königsberg berufen. Die Ausübung dieser ersten ordentlichen Professur als Direktor des Instituts für Altertumskunde währte nur vier Jahre. Im April 1934 wurde Maas, durch Schreiben des Ministers für Wissenschaft, Kunst und Volksbildung, »in den Ruhestand versetzt«.

Später, 1956, schrieb Maas in der *Schilderung des Verfolgungsvorganges*: »Meine Versetzung in den Ruhestand war eine Verfolgung aus rassischen Gründen, da ich durch Geburt Jude bin. Als Teilnehmer des 1. Weltkrieges konnte ich gemäß § 3-(2) des Gesetzes zur Wiederherstellung des Berufsbeamtentums vom 7.4.1933 nicht entlassen werden.«

Den Rang dieses Gelehrten und den Verlust, den die Universität durch seine Deprivation erlitt, macht die Eingabe an den Minister im Juli 1934 deutlich, die Willy Theiler, sein Königsberger Kollege, vorbereitete und die von den meisten Ordinarien der klassischen Philologie unterzeichnet wurde, darunter Alfred Körte (1866-1946) und Eduard Schwartz (1858-1940):

»P. Maas ist in Deutschland heute wohl der angesehenste Vertreter einer Wissenschaftsform, die wegen ihrer grundlegenden und aufbauenden Kräfte weniger denn je in Forschung und Lehre zu entbehren ist. An Meisterschaft auf dem von ihm bestellten Gebiet der Philologie kann sich keiner der jetzt lebenden jüngeren Philologen mit ihm messen. Nach dem Tode seines Lehrers und Freundes U. von Wilamowitz ist er für verschiedene Fragen unbestritten die erste Autorität. Dazu übersieht niemand wie er zur Antike hinzu auch die mittelgriechische und die gegenwartswichtige neugriechische Sprache. Eine ganze Generation von Gymnasiallehrern und jüngeren Gelehrten sieht in ihm ihren Lehrer, ihr Vorbild und ihr wissenschaftliches Gewissen ... Wir bitten den Herrn Reichsminister einen Weg zu suchen, auf dem wie die Forschung, so auch die Lehre von P. Maas ungebrochen der deutschen Wissenschaft erhalten bleiben kann. Der Mann, der bei aller Hochschätzung, die er wie wenige unter den jetzigen Fachvertretern im Ausland genießt, mit einem tiefinnerlichen Zusammengehörigkeitsgefühl seinem Vaterland verbunden ist, dürfte in der außerordentlichen Zeit auch außerordentlicher Rücksichtnahme wert sein.«

Die Petition verhallte ungehört. Maas hat noch im Sommersemester 1934 eine Lehrveranstaltung für seine Studenten in seinem Hause abgehalten.

In den fünf Jahren, die ihm noch in Deutschland verblieben, setzte Maas seine Arbeit an der Romanos-Ausgabe und an der *Byzantinischen Metrik* fort, und er veröffentlichte bis 1938 grundlegende Aufsätze in der *Byzantinischen Zeitschrift*, deren Herausgeber Franz Dölger zu ihm stand, namentlich *Eustathios als Konjekturalkritiker* (1935) und *Der vergnügte Le-*

xikograph (1938). Er widmete sich der Herausgabe der Schriften seines Lehrers Wilamowitz. In einem Brief an den Teubner-Verlag vom 18. April 1948 schrieb er: »Sie könnten meines Erachtens Wilamowitzens 100. Geburtstag (22.12.1848) nicht würdiger und wirksamer feiern als durch einen unveränderten Abdruck seiner unvergleichlichen ›Geschichte der Philologie‹ (Gercke-Norden I 3 1). Ich sage das als der einzige Überlebende der Männer, denen Wilamowitz in seinem Letzten Willen die Fürsorge für seinen wissenschaftlichen Nachlaß anvertraut hat.«

So erschien 1935 bei Weidmann in Berlin der von Maas herausgegebene Band *U. von Wilamowitz-Moellendorff, Kleine Schriften I: Klassische griechische Poesie*, im Umfang von 35 Druckbogen.

1935 nahm Maas am 4. Internationalen Kongreß für Papyrologie in Florenz, 1937 am 5. Kongreß der Papyrologen in Oxford teil. In Florenz lernte er durch Giorgio Pasquali (1885-1952) den Cambridger Philologen und nachmaligen Abgeordneten des Unterhauses (Member of the House of Commons) J. Enoch Powell (1912-1998) kennen, seinen späteren Fürsprecher und Freund, der sich zeitlebens als sein Schüler bekannte.

Der Erlaß der Nürnberger Gesetze vom 15. September 1935 verschärfte die Repression gegenüber den Bürgern jüdischer Abstammung und zwang Maas und seine Familie, das eigene Haus aufzugeben. Während der Pogrome vom 9. bis 12. November 1938 wurde Maas durch die Gestapo verhaftet; die SS-Männer riefen Frau Maas abgehend zu: »Den sehn Se nich wieder!« So erzählte mir Reinhold Merkelbach, der als junger Gelehrter Paul Maas in Oxford besuchte. Noch am Tage der Verhaftung bat Willy Theiler Enoch Powell um Hilfe, der sogleich auch Bruno Snell verständigte, den treuesten Freund von Maas, und nach Königsberg fuhr. Nach mündlicher Überlieferung suchte Powell den Gauleiter von Ostpreußen, Erich Koch, auf, und mit der ihm eigenen Autorität forderte er ihn auf: »Geben Sie Paul Maas frei.« Maas wurde, namentlich durch die Fürsprache der Frau des Generals Georg von Küchler, binnen kurzem entlassen. Powell gelang es, bei der Britischen Botschaft ein Visum für Maas zur Einreise nach Großbritannien zu erwirken, und durch Erlaß des Reichsministers für Wissenschaft vom 20. Juni 1939 wurde Maas erlaubt, nach Oxford zu emigrieren, mit dem drohenden Vorbehalt des Widerrufs, wenn er durch künftige Tätigkeit gegen die »Deutschen Belange« verstoßen sollte, und mit der Voraussetzung, daß er im Ausland auf jede wissenschaftliche Lehrtätigkeit verzichte.

In der letzten Augustwoche des Jahres 1939 verließ Maas Königsberg, fuhr zu Bruno Snell nach Hamburg, der ihm riet, sofort im Hafen das nächste Schiff nach England zu erreichen; nach England liefen jedoch keine Schiffe mehr aus; Snell beschwor ihn, sofort den nächsten Zug nach Holland und von dort ein Schiff nach England zu nehmen. Maas erreichte Hoek van Holland und konnte sich einschiffen nach Harwich, fünf Tage vor Kriegsausbruch. Seine Rettung verdankte er Bruno Snell, dessen Beherztheit ihn vor der Deportation bewahrte.

In Oxford wurde Maas besonders von Gilbert Murray (1866-1957), Regius Professor of Greek, Christ Church, unterstützt. Seit Ende 1939 war er Berater der Oxford University Press für Textkritik (einschließlich Shakespeare and Book of Common Prayer), Editionstechnik und Griechische Lexikographie (Greek-English Lexicon von Henry George Liddell und Robert Scott). Paul Maas blieb bis zu seinem Tode in Oxford.

Im Oktober 1947 wandte sich der Teubner-Verlag über Bruno Snell an Maas, um die Zusammenarbeit, die zehn Jahre unterbrochen worden war, fortzusetzen und mit ihm vorgesehene Neuauflagen seiner *Griechischen Metrik* und seiner *Textkritik* zu besprechen und festzulegen. Maas schlug zunächst die Neuauflage der *Textkritik* vor, die 1950 in zweiter und 1957 in dritter Auflage erschien. Eine für das Jahr 1959 in Aussicht genommene vierte Auflage, die wenigstens durch Addenda et Corrigenda sowie einen vermehrten Index bereichert werden sollte, folgte 1960. Maas hatte in seinem Brief vom 5. März 1959 an den Verlag zunächst Bedenken geäußert: »Aber die Entscheidung über eventuelle stärkere Änderungen an meinem Text der ›Textkritik‹ von 1957 fällt mir sehr schwer, solange keine Kritik der englischen Ausgabe von 1958 und keine wirklich fördernde der deutschen von 1957 erschienen ist (ich erhoffe Förderung von H. Erbses Anzeige der deutschen Ausgabe im nächsten Gnomon).«

Die Neubearbeitung der *Griechischen Metrik*, die er sich deutsch und englisch wünschte, konnte er nicht mehr vollenden. Es erschien aber die englische Ausgabe 1962 in der Clarendon Press: *Greek Metre, translated by Hugh Lloyd-Jones.* Diese Ausgabe wurde durch die engste Zusammenarbeit zwischen Maas und dem Übersetzer ermöglicht. Auch Eduard Fraenkel wurde in die Entstehung einbezogen. Lloyd-Jones schreibt in seinem Vorwort: »Professor Eduard Fraenkel has read through an early draft, and has allowed us to incorporate a number of valuable observations of his own«.[54]

Paul Maas starb am 15. Juli 1964 in Oxford. Mehr als sechs Jahrzehnte blieb B. G. Teubner diesem großen Philologen verbunden. Seine Bücher, geringsten Umfanges von nicht mehr als zwei Druckbogen, sind jedes ein *gnomon*, Zeiger an der Sonnenuhr der Altertumskunde.

III. Eduard Fraenkel (1888-1970)
Aischylos – Plautus – Horaz

Im Jahre 1935, zwei Jahre nach der Vertreibung von seinem Lehrstuhl in Freiburg im Breisgau, wurde Eduard Fraenkel zum Professor der lateinischen Sprache und Literatur am Corpus Christi College der Universität Oxford gewählt.

Der Oxforder Philologe Wallace Martin Lindsay urteilte über diese Wahl eines deutschen Gelehrten: »I rank Eduard Fraenkel as the greatest latin scholar (of this time of life) in the whole world, and cannot bring him to comparison with those who may be rival candidates to the Corpus Professorship. Among them he is a giant among pigmies. Before this unlucky ›Aryan paragraph‹ he was thought the likely successor to Norden in the Latin Chair at Berlin, the highest preferment for Latin Scholars of Germany«.[55]

Stephanie West, Fraenkels Schülerin und Kommentatorin der Odyssee Homers, faßt ihre Erfahrungen in dem Gedenkvortrag »Eduard Fraenkel in Oxford«, den sie im Dezember 2000 an der Scuola Normale Superiore, Pisa, hielt, in einem Satz zusammen: »Very many Oxford classicists would be happy to say, as I would, that F.[raenkel] exercised a deeper and more lasting intellectual influence on them than anyone else who taught them.«[56]

Eduard Fraenkel war Schüler von Ulrich von Wilamowitz-Moellendorff in Berlin und von Friedrich Leo in Göttingen, »den ganz großen Gestalten in der Geschichte der Altertumswissenschaft«, wie er im Vorwort seiner *Kleinen Beiträge zur klassischen Philologie* (1964) sagt. Seinem Lehrer Friedrich Leo widmete er im Mai 1914 einen liebevollen Nachruf, der in der Teubner-Zeitschrift *Internationale Monatsschrift für Wissenschaft, Kunst und Technik* erschien. Er lernte in Berlin auch viel von Hermann Diels, Eduard Meyer, Wilhelm Schulze, Johannes Vahlen und Eduard Norden, in Göttingen besonders von dem Indogermanisten und führenden Vertreter der Vergleichenden Sprachwissenschaft Jacob Wackernagel (1853-1938), dem er die Zuwendung zum frühen Latein und zu Plautus verdankt.

In Oxford erreichte er das τέλος seines Lebens. Die Erfüllung des Lebens, hätte er in Deutschland bleiben können, würde er wohl in Berlin – als Nachfolger Eduard Nordens nach dessen Emeritierung im Jahr 1935 – zum Segen der deutschen Altertumswissenschaft gefunden haben.

Mehr als zwei Jahrzehnte blieben Berlin und Göttingen seine geistige Heimat. Nach der Promotion bei Leo im Jahre 1912 arbeitete er 1913 bis 1915 zwei Jahre als Redakteur des *Thesaurus linguae Latinae* in München an den Bänden VI und VII, zu dem er größere Arbeiten beisteuerte, besonders die Artikel *fides* und *dies*.[57)] Der Thesaurus war 1894 unter Mitführung Friedrich Leos begründet worden; er begann im Jahre 1900 bei B. G. Teubner zu erscheinen und umfaßte am Ende des Jahrhunderts mehr als 150 Faszikel mit mehr als 12.000 Druckseiten Folio: das größte der lateinischen Sprache gewidmete Lexikonunternehmen.

Im Jahre 1917 habilitierte sich Fraenkel in Berlin; dort wurde er 1920 auf ein Extraordinariat berufen. 1922 ließ er eine seiner bedeutungsvollsten Arbeiten erscheinen: *Plautinisches im Plautus*. Diese Untersuchung verlor in mehr als fünfzig Jahren nichts von ihrem Forschungsweitblick und wurde, was den Gebrauch, den Plautus von der griechischen Komödie machte, anlangt, in ihren Schlussfolgerungen durch die ans Licht gebrachten Menander-Papyri voll bestätigt. 1923 wurde Fraenkel als Ordinarius nach Kiel berufen, 1928 als Ordinarius nach Göttingen, 1931 nach Freiburg im Breisgau.

Eduard Fraenkel war der Verlagsfirma B. G. Teubner als Autor des *Thesaurus* und zweier Vorträge verbunden. In den *Studien* und *Vorträgen* der einzigartigen, die kulturwissenschaftliche Forschung bis 1933 dauerhaft befruchtenden *Bibliothek Warburg* erschien im IV. Band 1927 Fraenkels Vortrag *Lucan als Mittler des antiken Pathos*. Unter dem Titel *Das Problem des Klassischen und die Antike* wurden acht Vorträge, gehalten auf einer Fachtagung der klassischen Altertumswissenschaft zu Naumburg 1930, herausgegeben von dem ersten Vorsitzenden Werner Jaeger, bei Teubner im Jahr 1931 veröffentlicht. Dieses Buch enthält den Vortrag *Die klassische Dichtung der Römer* von Eduard Fraenkel.[58)]

Im Sommer 1933 wurde Fraenkel mit Lehrverbot belegt und verließ Deutschland ein Jahr später. Wie tief die nationalsozialistische Ideologie und Machtpraxis auch persönliche Verhältnisse veränderte, zeigt die Abkehr aus Verblendung, die Wolfgang Schadewaldt (1900-1974) vollzog, als er, ebenfalls Professor in Freiburg, nach dem Erlaß des Arierparagraphen dem älteren Eduard Fraenkel sagte: »Wir können jetzt nicht länger Freunde sein.«[59)] Als Schadewaldt nach dem Krieg, um das Freundschaftsband neu zu knüpfen, seinem Kollegen in Oxford eine seiner Schriften mit einer lateinischen Widmung übersandte, die das Wort *memor* enthielt, antwortete Fraenkel mit zwei Worten: *et ego*.[59)]

Im Sommer 1934 genoß er die hilfreiche Unterstützung seiner Kollegen in Oxford; in Christ Church wurden ihm Arbeitsräume zur Verfügung gestellt. 1935 wurde Fraenkel auf den Lehrstuhl des Corpus Christi College berufen, den er achtzehn Jahre lang, bis zu seiner Emeritierung im Jahre 1953, innehatte. Alfred Edward Housman (1859-1936), der große Philologe in Cambridge, dessen berühmte Lucanus-Ausgabe von 1926 Fraenkel einer eindringenden Rezension im *Gnomon* (1926) unterzogen hatte, schrieb vor dessen Berufung: »His presence within our gates is a substantial augmentation of English Learning [...] I cannot say sincerely that I wish Dr Fraenkel to obtain the Corpus Professorship, as I would rather that he should be my successor at Cambridge.«[61]

Eduard Fraenkel, »whose arrival in Oxford injected a powerful shot of continental learning into our discipline«,[62] wirkte als erfahrenster Vermittler der griechischen wie der lateinischen Literatur und der Einflüsse der griechischen auf die römische Kultur, eingedenk des Spruchs des Horaz: »Graecia capta ferum victorem cepit et artis / intulit agresti Latio« (epist. 2. 1,156-157)[63]. »Es war ein gegenseitiges Schicksal, das die hellenistische Welt politisch den Römern auslieferte und den römischen Geist der griechischen Kunst und Wissenschaft unterwarf.«[64]

Achtzehn Jahre lang hielt er regelmäßig zweimal wöchentlich Vorlesungen über Catull, Horaz und Vergil, gelegentlich über Plautus und Terenz sowie Petronius, über die Geschichte der frühen lateinischen Dichtung; über Aischylos, *Eumenides*; vom Jahre 1946 an auch eine grundlegende Einführung in die griechische Metrik.

Den machtvollsten Einfluß übte Fraenkel durch seine – für Oxford ungewohnten – Seminare aus, die in der deutschen Altertumswissenschaft durch Friedrich August Wolf (1759-1824) in Göttingen und besonders durch Friedrich Ritschl in Bonn begründet, durch dessen Schüler Usener und Bücheler zur Blüte entwickelt und durch Fraenkels Lehrer Wilamowitz und Leo zu vollkommener Reife als die Pflanzstätten der klassischen Philologie ausgestaltet wurden. Eine solche Pflanzstätte begründete Fraenkel im Corpus Christi College, namentlich durch das berühmt gewordene Seminar über »Agamemnon«, das er kontinuierlich von 1936 bis 1942 zweimal wöchentlich im Herbst und Winter veranstaltete und das der eindringenden Erarbeitung des aeschyleischen Textes durch Kommentierung

Zeile für Zeile diente. Weitere Seminare widmete er frühen lateinischen Inschriften, dem *Pseudolus* und *Rudens* des Plautus, den *Vögeln* des Aristophanes, der *Appendix Vergiliana*, den Episteln, Satiren und Oden des Horaz, auch Sophokles sowie der griechischen Textkritik mit besonderem Bezug auf Euripides, *Hekabe*, und Aristophanes, *Die Acharner*. Einer seiner älteren Schüler, Gordon Williams, urteilte:»It soon became to be generally recognized that attendance at Fraenkel's seminars was the most worth wile academie experience for an able Classical student.«[65]

Als Frucht seiner Forschung und Lehre ließ Fraenkel 1950 sein drei Bände umfassendes Werk *Agamemnon* erscheinen, mit kritischer Textausgabe und dem umfassendsten Kommentar, der je einer griechischen Dichtung zuteil wurde.

1957 erschien in der Clarendon Press Oxford sein Werk *Horace*, gewidmet dem Corpus Christi College, das er seine »zweite Heimat« nannte.[66] Zu diesem Buch ermunterte ihn der Wunsch,»von den Gedichten einige jener Krusten zu entfernen, mit denen sie die angestrengte Tätigkeit vieler Jahrhunderte überdeckte, und den einfühlenden Leser in die Lage zu versetzen, so oft wie möglich der Stimme des Dichters und so wenig wie möglich der Stimme seiner gelehrten Anwälte zu lauschen ... Ich habe absichtlich der Interpretation jener Gedichte viel Raum gegeben, deren Würdigung dem Leser unserer Zeit besonders schwer fallen muß. Außerdem versuchte ich, eine Vorstellung von der künstlerischen Einheit einiger Bücher des Horaz zu vermitteln, und endlich war ich bestrebt, die Geschichte einer Poesie von den frühen Experimenten bis hin zu den reifsten, vollkommensten Werken nachzuzeichnen.« Fraenkels *Horaz* ist ein Schlüsselwerk der *interpretatio*, das Hugh Lloyd-Jones in seinem Nachruf als »not only a learned, but a genial, humane and understanding book« rühmt.[67]

Fraenkel, der bis zu seinem Tode in Oxford lehrte und regelmäßig auch in Florenz, Urbino, Pisa, Bari und Rom sowie in Fribourg Seminare abhielt, schuf aus der Tradition der deutschen Altertumswissenschaft und der English classical scholarship eine neue lebensvoll-anregende Symbiose.

Stephanie West erinnert sich in ihrem Pisaner Gedenkvortrag:»Fraenkel's lectures on Horace and greek metre were both useful and enjoyable. Though he had been lecturing on Horace to firstyear Oxford undergraduates for 20 years, there was still a freshness about his manner of exposition. He spoke of the poet as one might of an old friend, now regrettably no longer with us.«[68]

Martin West beschreibt nach fünfzig Jahren die Autorität Fraenkels und das von ihm erzeugte Ausstrahlungsfeld durch folgende Einsicht: »Here we saw German philology in action; we felt it reverberate througth us as Fraenkel patrolled the room behind our chairs, discoursing in forceful accents. As he spoke of his old teachers and past colleagues, – Leo and Norden, Wilamowitz and Wackernagel – it was like an *apparition de l'Église éternelle*. We knew, and could not doubt, that this was what Classical Scholarship was, and that it was for us to learn to carry it on.«[69]

Konrad Müller, der Berner Gelehrte und einer der großen Editoren unserer Zeit, der in enger Verbindung mit Fraenkel seine berühmt gewordene Petronius-Ausgabe anfertigte, deren vierte bearbeitete und erweiterte Auflage ich 1995 in die *Bibliotheca Teubneriana* aufnahm, schrieb in einem Erinnerungsbild über seine Begegnungen mit Fraenkel, an dessen Seminaren in Fribourg er teilgenommen hatte: »Das erste Seminar, das ich bei ihm hörte, war das über Horaz (im Juni 1956). Er begann mit der suetonischen Horazvita. Es war erstaunlich, wie sich in F.s schlichtem Vortrag die knappen Angaben Suetons mit farbigem Leben erfüllten. So war es mit allem, was er in seinen Seminaren zur Sprache brachte: die alten Texte, selbst in den geringsten, unscheinbarsten, abgestorbensten Einzelheiten, belebten sich wieder. In meinem ganzen Studium habe ich Vergleichbares nie gehört, in Bern nicht und auch nicht in Basel. Ich will nicht ungerecht sein gegen meine Lehrer. Der Indogermanist Debrunner und die Gräzisten Theiler und Von der Mühll waren große Gelehrte, aber wenn sie auf den Felsen schlugen, floß kein Wasser heraus. Diese Zauberkraft besaß nur Fraenkel. Das meinte ich mit ›unicus magister‹ in der Widmung des Petronius von 1961: nicht der einzige, aber einzigartig.«[70]

IV. Eugen Täubler (1879-1953)
Römischer Staat und Altes Testament

Im März 1933 kündigte Eugen Täubler, Inhaber des Lehrstuhls für Alte Geschichte an der Universität Heidelberg, seine Demission an. Am 25. Juli 1933, drei Monate nach Erlaß des *Gesetzes zur Wiederherstellung des Berufsbeamtentums*, das den Arier-Paragraphen enthält, stellte er den Antrag zur Versetzung in den Ruhestand. Obwohl er als Soldat des Ersten

Weltkrieges zunächst noch im Amt hätte bleiben können, wollte er, wie Jürgen von Ungern-Sternberg in seiner Einleitung zum Neudruck des Täublerschen Buches *Der römische Staat* 1985 schreibt, keinen Gnadenerweis, sondern er suchte sein Recht oder wenigstens seine Unabhängigkeit durch den freiwilligen Rücktritt zu wahren. Die Demission war das Zeugnis seines Protestes. Zum 1. April 1934 wurde er von seiner Professur und von der Mitgliedschaft in der Heidelberger Akademie entbunden.

Am 22. Dezember 1933 schrieb Täubler an seinen Verlag B. G. Teubner, der mit ihm 1929 den Verlagsvertrag über das Werk *Verfassung und Verwaltung des Römischen Staates* für die vierte Auflage der *Einleitung in die Altertumswissenschaft* von Gercke-Norden geschlossen hatte (das Original des Briefes ist bei der Zerstörung der Verlagsgebäude 1943 verlorengegangen; erhalten ist nur der handschriftliche Briefentwurf im Täubler-Nachlaß der Universitätsbibliothek Basel); der Brief lautet:

»Ich hatte gedacht, daß Sie an mich nicht schrieben, weil es Ihnen zweifelhaft sei, ob mein Beitrag noch erscheinen könne (es ist Ihnen wohl bekannt, daß ich Jude bin). Ich selbst wollte nicht anfragen, um in keiner Weise einen Anspruch zu erheben, wie ich auch jetzt, nach Ihrer frdl. Anfrage, Sie bitte, sich nicht an mich gebunden zu halten.

Von mir aus liegt der Fall so, daß ich freiwillig gebeten habe, mich in den Ruhestand zu versetzen und daß ich die Absicht habe, meinen Wohnsitz nach N. Y. zu verlegen. Ich gehe noch weiter, und will nach der einen der Ihnen wohl bekannt gewordenen 12 Thesen auch nicht mehr in deutscher Sprache veröffentlichen, wenigstens nicht in Dtschl. Das soll auch für die 2bändige röm. Verfassungsgeschichte gelten, an der ich für das Iwan Müller'sche Handb. arbeite, dagegen nach m. Willen nicht f. den Beitrag f. Ihre ›Einleitg‹, weil ich mehr als ¾ des Ganzen Ihnen bereits im vorigen Jahre vorgelegt habe. Ich betrachte danach das Ms., das Sie mir noch einmal zurücksandten, damit ich im Zusammenhang mit dem Rest eventuell noch Kürzungen auf die mir vorgeschriebenen 6 Bogen hin vornehmen könne, als rechtlich bereits in Ihrem Besitz u. fühle mich verpflichtet, den kleinen Rest abzuliefern.

Ich hoffe, daß Sie mich nicht falsch verstehen: ich tue es gern, den Beitrag bei Ihnen erscheinen zu lassen; meine weitere Handlungsweise betrachte ich als mir aufgezwungen, ebenso wie den freiwilligen Abgang. Dagegen stelle ich es Ihnen frei, sich eventuell nicht mehr an mich gebunden zu erachten.«[71] Täubler lieferte den Rest des Manuskriptes im November 1934 an den Verlag, der das Buch bis zum Februar 1935 herstellte. Die Buchveröffentlichung unter dem Titel *Der römische Staat* konnte, da ihr Verfasser ein Jude war, nicht mehr ausgeliefert werden und blieb der Fachöffentlichkeit unbekannt.[72] Der Verlagskatalog 1933 hatte das Werk mit dem Vermerk »U. d. Pr.« (Unter der Presse) angekündigt. Die Ankündigung konnte der Verlag erst fünfzig Jahre später einlösen. Die Verlagsfirma suchte die Zusammenarbeit mit ihrem Autor im Verlauf der dreißiger Jahre fortzusetzen; sie schrieb am 28. Oktober 1937 an Täubler: »Die Gründe, die seinerzeit nach Abschluß der Herstellung die Veröffentlichung und den Vertrieb Ihres Beitrages im Rahmen meines Verlages verhindert haben, bestehen ja unvermindert fort.«[73] Der Verlag und sein Autor waren, wie sich aus dem Briefwechsel ergibt, bis 1938 bestrebt, einen schweizerischen oder englischen Verlag zur Übernahme des *Römischen Staates* und auch der Verlegerrechte der drei früheren Verlagswerke Täublers zu gewinnen. Diese Versuche schlugen fehl. Nach der Emigration Täublers wurde die gesamte Auflage seines Buches von 1.500 Exemplaren durch den Bombenangriff auf Leipzig am 4. Dezember 1943 vernichtet. Keine Bibliothek in Deutschland und im Ausland besaß ein Exemplar, mit Ausnahme der Deutschen Bücherei, in deren Belegstück sich der handschriftliche Eintrag findet: »Nach Mitteilung des Verlages nicht zur Ausgabe gelangt und zurückgezogen! Nicht verleihbar!«[74] Nur Freiexemplare in größerer Zahl waren in Täublers Hand. Ein Widmungsexemplar erhielt Täublers Kollege und Freund Arnaldo Momigliano (1908-1987) im Exil in England.

Um eine Restitution dieses Buches vorzubereiten, schrieb ich in den späten siebziger Jahren an die Witwe Selma Stern-Täubler (1890-1981), die nach dem Tode ihres Mannes 1953 nach Europa zurückgekehrt war und in Riehen bei Basel wohnte. Sie erfüllte meine Bitte und stellte mir ein Freiexemplar mit vergilbtem Einband zur Verfügung. Dieses Exemplar ermöglichte allein den Neudruck der Erstauflage von 1935, der, versehen mit einer eindringenden Einleitung von Jürgen von Ungern-Sternberg, 1985 erschien, mehr als dreißig Jahre nach Täublers Tod.

Eugen Täubler, der zu den wenigen Universalhistorikern des 20. Jahrhunderts gehörte, konnte seine Erfahrenheit als Lehrer und Forscher auf dem Heidelberger Lehrstuhl, den er nur acht Jahre innehatte, den jüngeren Generationen über die Zäsur des Jahres 1933 hinaus nicht als dauerhaftes Vermächtnis vermitteln. Umso weniger prägte sich sein Gedächtnis den Nachgeborenen ein. Den Historikern der Gegenwart war er allenfalls durch wenige fundamentale Werke und Schriften aus den Jahren 1913 bis 1927 bekannt.

Im Zeugnis des Freundes Leo Baeck, weiland Oberrabiner der jüdischen Gemeinde Berlin, der in Theresienstadt 1945 befreit wurde, war Täubler, nach dem großen Althistoriker Eduard Meyer, der einzige, der sich im klassischen Altertum so gut wie im Alten Testament wissenschaftlich auskannte.

Welche Wurzeln gaben seinem Leben Nahrung, Kraft und Dauer? In seinem Aufsatz *Heimat*, den er 1953 Leo Baeck widmete, hat Eugen Täubler folgende Sätze niedergeschrieben: »Innerhalb der großen Einheit von Ansichten und Empfindungen, die Leo Baeck und mich verbinden, ist keine uns beiden gewisser als die Tatsache, daß die Stadt, in der er geboren und ich erzogen wurde, in ihrer Besonderheit einzigartig war [...] Es ist die Stadt Lissa in der ehemaligen preußischen Provinz Posen, ›Lissa i. P.‹ schlechtweg [...] Was ist es um diese in das Menschliche übergegangene Besonderheit? [...] Nicht die geschichtlichen Tatsachen als solche sind hier wesentlich, sondern ihre Wirkungen auf die Menschen. Sie haben möglich gemacht, daß sich mit leichter Differenzierung ein eigener Typus des ›posenschen Juden‹ entwickelte, der sich im Ganzen des deutschen Judentums auf Breslau, Berlin, Frankfurt, Hamburg hin sehr stark bemerkbar gemacht hat. Die deutsch-polnischen Spannungen und die Notwendigkeit, zu ihnen Stellung zu nehmen, drängte es den Juden in der Provinz gradezu auf, das Problem des Jude-seins nicht nur in bürgerlicher Gemächlichkeit im Schatten der Synagoge zu betrachten, sondern viel ernster als in anderen Provinzen sich vor der Frage zu sehen, wie über den eigentlichen Bereich des Religiösen hinaus das eigene Wesen und die bürgerliche Existenz des Juden sich am innerlichsten und wirkungsvollsten in das vielfältig Ganze des deutschen Lebens einpassen könne. Ich kann für meine Person bekennen, daß ich für die Erweckung und Entwicklung meines geschichtlichen und politischen Sinns nichts für so wesentlich halte

IV. Eugen Täubler (1879-1953)

wie dies, daß ich in früher Jugend in einer überwiegend polnisch gebliebenen Kleinstadt, in welcher mein Vater der Vertrauensmann beider Volksteile war, diese Spannungen nicht nur beobachten konnte, sondern mich in sie hineingezogen fühlte [...] Ich habe das Empfinden und Bewußtsein, meiner Grundlage nach ein posenscher Jude zu sein, nicht verloren [...] Der praeceptor humanitatis Amos Comenius am Anfang, der praeceptor humanitatis Leo Baeck am Ende: dies ist, im Religiösen und Geistigen gesehen, in seiner Ganzheit das geschichtliche Lissa ›i. P.‹ Jugend-Erinnerungen [...] Alters-Empfindungen.«[75]

Die von diesem Empfinden und Bewußtsein geprägten Stadien auf dem Lebensweg Eugen Täublers wollen wir uns vergegenwärtigen. Schon als Schüler des Comenius-Gymnasiums in Lissa, das auf den Begründer der modernen humanistischen Pädagogik – der »Lehre einer Entwicklung vom Inneren her anstatt eines auferlegten Regelzwangs«[76] – zurückgeht, widmete er sich dem Studium des Talmud. 1898 trat er in das orthodoxe Rabbiner-Seminar und in die »Lehranstalt für die Wissenschaft des Judentums« in Berlin ein; gleichzeitig studierte er Geschichte sowie klassische und orientalische Philologie an der Berliner Universität. 1904 wurde er bei Otto Hirschfeld mit der Arbeit *Die Parthernachrichten bei Josephus* promoviert.[77] Bereits 1901 zog ihn Theodor Mommsen als Helfer zu seinen letzten Editionen, besonders dem *Codex Theodosianus*, heran. Bei der Herausgabe der *Gesammelten Schriften* Mommsens wirkte er mit an den Bänden IV (1906) und VI (1910). Er war in den Jahren 1903 und 1904 außerdem Mitarbeiter Adolf Harnacks in der Kirchenväter-Kommission der Berliner Akademie der Wissenschaften. 1906, nach Abschluß seiner Ausbildung am Geheimen Staatsarchiv in Berlin, übernahm er die Leitung des *Gesamtarchivs der Deutschen Juden*, das zur Sammlung und Erschließung der Archivalien zur jüdischen Geschichte aus ganz Deutschland neu gegründet worden war. Besonders widmete er sich den mittelalterlichen Urkunden, um ein *Urkundenbuch zur Geschichte der Juden in Deutschland im Mittelalter* zu schaffen. Die Kernsubstanz der jüdischen Geschichte umschrieb er mit den Begriffen »Siedlung, Assimilation und Eigenart«[78]. Der Plan gelangte nicht zur Ausführung. 1910 übernahm Täubler eine Dozentur für Geschichte und Literatur der jüdisch-hellenistischen und der frühchristlichen Zeit an der Lehranstalt für die Wissenschaft des

Judentums in Berlin, 1912 ebendort einen Lehrstuhl für jüdische Geschichte.

Am 19. September 1912 schloß B. G. Teubner den ersten Verlagsvertrag mit Täubler über ein umfassendes Werk mit etwa dreißig Druckbogen: *Imperium Romanum. Studien zur Entstehungsgeschichte des römischen Reiches. I. Band. Die Staatsverträge und Vertragsverhältnisse.* Dieser Band erschien 1913 und verlieh seinem Verfasser den Rang des quellenkundigsten, tief eindringenden Vertreters der Römischen Geschichte in der Nachfolge Mommsens.

Der Erste Weltkrieg, an dem er als Soldat an der Ostfront in Kurland teilnahm – er wurde 1916 als kriegsdienstbeschädigt entlassen –, veränderte Täublers Lebensplan. Er legte die Leitung des Gesamtarchivs und die Professur an der Lehranstalt nieder und habilitierte sich 1918 an der Universität Berlin.

1918 traf unser Verlag eine vertragliche Vereinbarung mit Täubler über das Werk *Antike Verfassungsgeschichte* für die wissenschaftlich-gemeinverständliche Reihe *Aus Natur und Geisteswelt*, die bereits 1.000 Bände umfaßte und die weitestverbreitete Reihe ihrer Zeit war.

1921 veröffentlichte Täubler eine wichtige Studie zur früheren römischen Überlieferung: *Untersuchungen zur Geschichte des Decemvirats und der Zwölftafeln.* 1919 bis 1922 betrieb er gleichzeitig den Aufbau der »Akademie für die Wissenschaft des Judentums«.

1922 folgte er dem Ruf auf eine neugeschaffene außerordentliche Professur für griechische und römische Geschichte an der Universität Zürich. Die drei Zürcher Jahre nannte Täubler im Rückblick den Höhepunkt seines Lebens. Am 7. Mai 1940 sprach sich die Zürcher Fakultät für eine Aufenthaltsbewilligung Täublers in der Schweiz aus; ihr wurde aber nicht stattgegeben.

Zum 1. April 1925 wurde Eugen Täubler als Nachfolger Alfred von Domaczewskis zum Ordinarius für Alte Geschichte in Heidelberg ernannt. Alfred Giesecke-Teubner vereinbarte am 5./11. Mai 1926 mit Täubler das Buch *Tyche. Historische Studien,* das 1926 mit folgenden Aufsätzen erschien:

I. *Über antike Universalgeschichte und Geschichte im allgemeinen.* II. *Die Anfänge der Geschichtsschreibung.* III. *Polybios.* IV. *Iran und die alte Welt.* V. *Staat und Umwelt: Palästina in der hellenistisch-römischen Zeit.* VI. *Orgetorix.* VII. *Die letzte Erhebung der Helvetier.* VIII. *Grundfragen der römischen Verfassungsgeschichte.*

Auf Grund des Verlagsvertrages vom 7./12. Mai 1927 erschien noch im Herbst 1927 Täublers eindringende Untersuchung *Die Archäologie des Thukydides*. Von ihr urteilt Alfred Heuß: »Ich halte diese Schrift überhaupt für das Beste und Überzeugendste von alledem, was er in der Kompetenz von unsereinem jemals hervorbrachte. Hier stieß T.s bohrender Intellekt in der präludierenden Übersicht, die Thukydides über die gesamte seiner Gegenwart vorausliegende Geschichte gibt, auf ein Gestein, dem nur mit einer hochkarätigen analytischen Schärfe beizukommen war. T. sieht richtig, daß Thukydides hier einen ihm von Haus aus vertrauten Stoff [...] von seinen anthropologischen Wurzeln her durchdenkt, indem er, die Ausgangsfrage nach dem bislang größten Krieg erweiternd, die innere Thematik seines Werkes vom Wesen des politisch handelnden Menschen exponiert und in nuce zu einem kompakten Konzentrat verdichtet. Hier schoß T. wirklich ins Schwarze [...].«[79]

In den ersten Heidelberger Jahren plante Täubler eine *Geschichte der römischen Revolution*. Alfred Giesecke greift die geplante Darstellung in seinem Brief vom 5. April 1927 an Täubler auf und bestätigt ihm die Übernahme in seinen Verlag. Täubler führte diesen Plan nicht aus; jedoch hielt er noch in Amerika an einer *History of the Great Roman Revolution from the Gracchi to Augustus* fest. Ein solches Werk von Täublers Hand würde der Altertumswissenschaft neue Wege gebahnt haben.

Im Jahre 1929 lud Alfred Giesecke, der Anregung Eduard Nordens folgend, Eugen Täubler ein, an der vierten Auflage zur Weiterführung des Fundamentalwerkes *Gercke-Norden, Einleitung in die Altertumswissenschaft* mitzuwirken. Am 10./11. Juli 1929 wurde der Verlagsvertrag über den Beitrag *Verfassung und Verwaltung des römischen Staates* geschlossen und als Termin zur Lieferung des Manuskriptes zunächst der 1. April 1931 bestimmt. Alfred Giesecke bat den Autor mit Brief vom 22. Oktober 1931 um »Aufschub der Drucklegung« wegen der allgemeinen wirtschaftlichen Notlage, die »sich auch auf den wissenschaftlichen Verlag auswirkt«. Einen größeren Teil seines Manuskriptes stellte Täubler dem Verlag bis zum Ende des Jahres 1933, den Rest im November 1934 zur Verfügung. Mit dem Satz begann der Verlag im Herbst 1934; in der ersten Februarwoche 1935 war das Buch vollendet. *Der römische Staat* war das letzte Verlagswerk, das Eugen Täubler für B. G. Teubner schrieb. Es konnte erst fünfzig Jahre später verbreitet und der Fachöffentlichkeit bekannt gemacht werden.[80]

Alfred Heuß schrieb 1989 in seinem Aufsatz *Eugen Täubler Postumus*, das Buch sei für Täubler »de facto das letzte Wort in der Sache, und da man bei uns in Deutschland bis heute nicht einmal bis zu diesem Stadium eines Fadenschlags für das Ganze gelangte, hat die Schrift von ihrer Aktualität wenig eingebüßt«.[81]

1933 nahm Täubler freiwillig Abschied vom Heidelberger Lehramt. Im Entlassungsgesuch vom 25. Juli 1933 schreibt er, daß ihm »als Historiker das außerordentliche Schicksal seiner Blutsgemeinschaft immer als Problem im Sinne lag und die Neugestaltung ihrer Daseinsform eine Lebensaufgabe werden soll«.[82]

Nicht zerstörbar im Kern seines Wesens, nahm Täubler 1936 seine Vorlesungen an der Berliner Lehranstalt für die Wissenschaft des Judentums wieder auf. Die Akademie bestand noch länger als fünf Jahre, wurde aber 1942, ein Jahr nach Täublers Emigration, geschlossen. In der Antrittsvorlesung von 1936 bekannte sich Täubler zum Judentum, »zum Tragischen seiner Existenz, als dem Ausdruck seiner Erwähltheit«, er betonte auch die »besondere Funktion« des Judentums »innerhalb der Seinsverbundenheit der europäischen, d. h. humanistisch-humanitären, die Bibel, Platon und Augustin umgreifenden Existenz«.[83]

Der Bibel als der Wurzel und der Mitte des Judentums widmete er nunmehr seine wissenschaftliche Arbeit. Er plante eine dreibändige *Geschichte des Volkes Israel von den Stämmen bis zur Rückkehr aus dem Exil*, konnte dieses Werk aber bis zu seinem Tode nicht vollenden. *Biblische Studien. Die Epoche der Richter* wurden postum 1958 herausgegeben. *Biblische Studien II und III* blieben unveröffentlicht.

Nach seinem Rücktritt vom Lehramt, so schreibt Selma Stern-Täubler im Rückblick, »folgten Jahre einer rastlosen und aufreibenden Tätigkeit, Reisen nach England, Frankreich, Belgien, Palästina und nach Genf, dem Sitz des Völkerbunds, um einflußreiche Politiker und Gelehrte des Auslands über die den Juden drohende Gefahr aufzuklären; Verhandlungen mit Wirtschaftsführern, um neue Ansiedlungsgebiete in Anatolien und Abessinien zu erschließen; Fürsorge für Schüler, Kollegen, Freunde und Verwandte, um ihnen neue Lebensmöglichkeiten im Auslande zu verschaffen«.[84]

Im April 1941 konnte das Ehepaar Täubler in die USA auswandern. Täubler wurde Research Professor, Lecturing in Bible and Hellenistic Literature am Hebrew Union College in Cincinnati. Seit 1945 war er Mitglied der American Academy for Jewish Research; 1958 wurde er ihr Vizepräsident. Eine Aufforderung zum Wiedereintritt in die Heidelberger Akademie der Wissenschaften lehnte er mit Brief vom 14. Juli 1947 ab. Täubler starb am 13. August 1953 in Cincinnati.

Die geistige Situation der Zeit hat Täubler in seinem handschriftlich überlieferten fragmentarischen *Heidelberger Gespräch. 1933. Ein Fragment*[85] beschworen, das sich im Hause Marianne Webers am 25. März 1933, im Anblick der vom Heidelberger Schloß wehenden Hakenkreuzfahne, in einem Freundeskreis zuträgt. Ich möchte – das Vermittelbare über Eugen Täubler vorläufig abschließend – aus diesem Heidelberger Gespräch zitieren, von dem Géza Alföldy, der Nachfolger Täublers auf dem Heidelberger Lehrstuhl seit 1975, sagte, es sei der letzte Schimmer vom Glanz des liberalen Geistes, der die Universität Heidelberg um die Jahrhundertwende und in der Zeit der Weimarer Republik auszeichnete. Die Gesprächsteilnehmer an jenem 25. März 1933 sind:

Marianne Weber, Witwe Max Webers;
der Nationalökonom Artur Salz, am 20. April 1933 von seinem Lehramt suspendiert;
Alfred Weber, am 1. August 1933 in den Ruhestand versetzt;
Karl Hampe, seit 1903 Ordinarius der Mittelalterlichen Geschichte, seit 1917 Mitglied der Zentraldirektion der Monumenta Germaniae Historica, der im Dezember 1933 um seine vorzeitige Emeritierung ersuchte;
Karl Jaspers, der 1937 aus seinem Amt als Ordinarius der Philosophie entlassen wurde, da seine Frau Jüdin war;
schließlich Eugen Täubler.

Zum Eingang des Heidelberger Gespräches wird die Gastgeberin mit folgenden Worten eingeführt: »Sie erklärte das Zusammensein als eine Art von Totenmahl. Wir sollten in ernst-heiterer Besinnlichkeit die Zeit, der wir angehörten, zu Grabe geleiten, aber mit der Osterstimmung des Wiederauferstehens. Sie fragte, was imstande sein könnte, uns über den Abgrund hinwegzutragen, der uns zu verschlingen drohte, und gab die Antwort: Selbstvertrauen und Freundschaft. Und in dem Augenblick, in dem diese Worte gesprochen wurden, gewannen sie Leben in der Hoheit und Gewißheit, mit der sie menschlich vor uns standen. –
Und die weise Hüterin des Raumes begann: ›Mir ist so zwiespältig zu Mut; nein, nicht zwiespältig, ich sage besser so, als ob zwei entgegengesetzte Empfindungen, ohne sich zu schwächen, sich in mir verbänden. Ich empfinde Verlust und Gewinn, den Verlust im Hinblick auf das Ganze, das unser war, den Gewinn im Persönlichen, das uns bleibt und sich neu gestaltet [...] wie sage ich es [...] etwas das bleibt aber zugleich etwas Neues werden muß, auf vulkanischen Boden verpflanzt, auf dem es sich nun in anderer Weise als bisher zu bewähren haben wird. Unsere Freundschaft ist im Zustande einer Neugeburt. Und des Menschen bestes Teil ist das Hoffen‹.
›Worauf‹? warf der vehement denkende Mann ein, auf dessen Gesicht sich Schmerz und Empörung am stärksten zeigten. ›Zu welchem Ende, wenn wir über unsere kurze Vergänglichkeit hinwegsehen? [...] Wenn wir noch denken könnten, daß wir uns selbst angehören! [...] Wir sind wirkungslos, und ohne Wirkung erlischt das nach innen gewandte Leben in sich selbst.‹ [...] Und er fuhr bitter fort: ›Wirkungsvoll ist nur noch, was sich aus der Masse heraus formt und im Grunde genommen gar nicht dessen ist, der es prägt und wirksam macht, wie das geprägte Metall nicht der Hand gehört, die den Prägstock führt. Man sollte nicht mehr von Individuen sprechen, sondern von einer sich vielköpfig bewegenden Masse.‹ [...] ›Einhundertvierzig Jahre nachdem Schiller die Briefe über die ästhetische Erziehung des Menschen geschrieben hat [...] was sehen wir heute‹? Der Philosoph blieb ruhig. ›Ich sehe eine Wolke über den Himmel ziehen.‹
[...] Aber der andere warf den Kopf nach vorn, als ob er mit ihm im Gegenstoß einen Angriff abwehren wollte, und es war, als hänge die Dro-

hung für Sekunden leibhaftig über uns, als er hervorstieß: ›Eine Wolke, die sich bald mit Gift und Schwefel über uns entladen wird.‹ –
Der verhaltene Mann, dessen Sinnen vom römischen Kaisertum deutscher Nation überglänzt wurde, wollte die Stimmung lindern, indem er sie in seine Bereiche zog.
›Es wird uns nun zunächst nichts anderes übrig bleiben, als dem Cassiodor zu folgen und uns nach Monte Cassino zurückzuziehen, um zu retten, was sich in Wort und Schrift noch retten läßt.‹
Aber die Erinnerung an den Kanzler Theoderichs drängte den Mann, dem die Anrede in erster Linie galt, nur zu grimmigem Spott. Was konnte es ihm bedeuten, an die sichere Hütte für die eigene Person zu denken, wenn dem Ganzen der Untergang im Chaos drohte? Cassiodor? Nein, Theoderich! Dieses Idol altgermanischen Heldentums konnte das Symbol der Gegenwart und ihrer Zukunft werden. Er sah ihn vor sich und beschwor ihn herauf, wie er in Ravenna die Eide der Treue mit Odoakar austauschte und diesen dann bei dem Mahle niederstieß. Erschüttert folgten wir ihm, als es ihn weiter drängte:
›Deutsche Treue [...] das deutsche Schicksal [...] So oder wie es Armin traf, und zuletzt Bismarck, den Bildner des Reichs. Wie wird es nun zur Erscheinung kommen? Und was wird das Ende sein?‹
Eugen Täubler schrieb das *Heidelberger Gespräch. 1933. Ein Fragment* in den Jahren 1944 bis 1947.

Eugen Täubler
Der römische Staat

Anhang
Grundfragen
der römischen Verfassungsgeschichte

Mit einer Einleitung
von Jürgen von Ungern-Sternberg

1985

B. G. Teubner Stuttgart

V. Alfred Einstein (1880-1952)
Geschichte der Musik

Alfred Einstein war einer der führenden Musikkritiker in München und Berlin, Musikreferent der *Münchner Post* und, von 1927 bis 1933, des *Berliner Tageblatts*. Vom Jahre 1918 an redigierte er die *Zeitschrift für Musikwissenschaft*, das Zentralorgan der Disziplin. Seine Forschungen zur italienischen und deutschen Musikgeschichte wurden besonders dadurch anerkannt, daß Hugo Riemann (1849-1919) ihm die Herausgabe der neunten Auflage seines Musiklexikons anvertraute. Einstein führte dieses Lexikon bis zur elften Auflage 1929 und baute es zu einem umfassenden Standardwerk in zwei Bänden aus.

Mit Alfred Einstein schloß Alfred Giesecke-Teubner am 10./16. April 1916 zwei Verlagsverträge über eine *Geschichte der Musik* und eine ihr beigesellte, von der Verlagsfirma angeregte *Beispielsammlung zur älteren Musikgeschichte*, mit 25 durch erklärende Anmerkungen ergänzten Notenbeispielen vom Motetus des 13. Jahrhunderts bis zur Sonatenform Joseph Haydns, welche »nur die in der Musikgeschichte genannten alten Formen und Ausdrucksmittel in typischen Beispielen zeigen«.

Beide Darstellungen erschienen 1917 und 1918 in der wissenschaftlich-gemeinverständlichen Sammlung *Aus Natur und Geisteswelt* als 438. und 439. Band. Die *Beispielsammlung* erreichte in erweiterter Form die vierte Auflage im Jahr 1930. Die *Geschichte der Musik* war im Verlagskatalog von 1933 als vierte Auflage angekündigt mit dem Vermerk: »Erscheint Mai '33«. Diese vierte Auflage, desgleichen die fünfte Auflage der *Beispielsammlung*, sollte, wie der Verlag dem Autor brieflich im Januar 1930 vorschlägt, als erweiterte Darstellung in eine neue Reihe, »der durch Umfang und Preis nicht so enge Grenzen gezogen sind«, übernommen werden.

Die vierte und fünfte Auflage der beiden Darstellungen, die als fachlich kundigste und stilistisch vorbildliche Einführung in die Geschichte und die Stilprobleme der Musik den Rang kleiner Standardwerke einnahmen, konnten bei B. G. Teubner nicht mehr erscheinen. Alfred Einstein verließ, wie sein Vetter und Freund Albert Einstein – sie entstammten einer alteingesessenen deutsch-jüdischen Familie –, im Sommer 1933 Deutschland.

In einem Brief vom 5. Juli 1933, der uns nicht erhalten ist, teilte Einstein dem Verlag seine Gedanken über seine Bücher mit. Alfred Giesecke bestätigt ihm am 7. Juli 1933, »daß Sie nicht mit Unrecht vermuten, daß ich gegen die Veröffentlichung der ›Musikgeschichte‹ in der Tat jetzt Bedenken habe. Ich wäre darum mit Ihrem Vorschlage einverstanden, daß ich Ihnen den Verlag freigebe, damit Sie sie anderweit erscheinen lassen können. Ich betrachte also den zwischen uns geschlossenen Vertrag als aufgehoben. Sollte der betr. Verlag evtl. auch die Beispielsammlung zu übernehmen wünschen (zweckmäßig bliebe ja in der Tat beides vereinigt), so ließe sich darüber vielleicht eine Verständigung erzielen«.

Die Verlagsfirma gab ihrem Autor die in fünfzehn Jahren erfolgreich genutzten Verlagsrechte an der *Geschichte der Musik* und der zugehörigen *Beispielsammlung zur älteren Musikgeschichte* zurück.

Gebrochen und empört verließ Einstein Deutschland. Sein letztes Referat für das *Berliner Tageblatt* behandelte Bayreuth 1933. Er emigrierte zunächst nach London, lebte von 1935 bis 1938 bei Florenz; Anfang 1939 ging er nach New York und wurde im selben Jahr Visiting Professor of Music am Smith College in Northampton (Massachusetts); 1947 verlieh ihm die Universität Princeton die Ehrendoktorwürde. In El Cerrito in Kalifornien, wohin er sich als Schwerkranker zurückgezogen hatte, starb er am 13. Februar 1952. Nach Deutschland kehrte er, wie sein Vetter, nie zurück.

In der Emigration vollendete Alfred Einstein die Bearbeitung des Köchel-Verzeichnisses sämtlicher Tonwerke Mozarts für die dritte Auflage, die 1937 in Leipzig erschien;[86)] einen Neudruck mit Berichtigungen und Zusätzen gab Einstein 1947 in Ann Arbor heraus.[87)] Er verfaßte Biographien Glucks (London 1936), Mozarts (New York 1945) und Schuberts (New York 1951); vorausgegangen war das Buch über Heinrich Schütz (Kassel 1928).[88)] Er schuf das Standardwerk *The Italian Madrigal* in drei Bänden.[89)] Für eine in den USA geplante verbesserte und erweiterte Neuausgabe der Mozart-Gesamtausgabe bearbeitete er noch die Bände I bis IV.

Einer der größten Musikforscher des 20. Jahrhunderts, vermochte Alfred Einstein in Tageskritik und gelehrter Abhandlung, in Monographie und Werkausgabe das gesamte Spektrum der abendländischen Musik in ihrem historischen und ästhetischen Zusammenhang, im Kontinuum ihrer Ausdrucksformen zu erfassen und als Teil der Kulturgeschichte im Geiste Jacob Burckhardts zur Anschauung zu bringen.

Der Teubnersche Verlag verlor 1933 seinen renommiertesten musikwissenschaftlichen Autor. Alfred Einstein verlor seine Heimat, auch seine Sprachheimat. Den Verlust verwand er nie. Es ist uns überliefert, daß er gelegentlich an privaten musikalischen Abenden teilnahm. Alfred Einstein saß am Klavier. Die Geige spielte sein Vetter Albert Einstein.

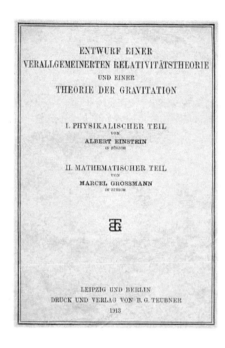

Der *Entwurf einer verallgemeinerten Relativitätstheorie und einer Theorie der Gravitation* entstand ab 1907 und erschien 1913 in der 1856 von Oskar Schlömilch begründeten Teubnerschen *Zeitschrift für Mathematik und Physik* 62, S. 225-259, gleichzeitig auch als separater Druck bei B. G. Teubner Leipzig und Berlin 1913

Die Sammlung *H. A. Lorentz / A. Einstein / H. Minkowski, Das Relativitätsprinzip* erschien ebenfalls 1913 erstmals bei B. G. Teubner, in der Reihe *Fortschritte der mathematischen Wissenschaften in Monographien*. Die fünfte Auflage 1923, mit einem Beitrag von H. Weyl, Anmerkungen von A. Sommerfeld und einem Vorwort von O. Blumenthal, wurde mehrfach nachgedruckt – zuletzt als 9. Auflage B. G. Teubner 1990

VI. Albert Einstein (1879-1955)

Das Relativitätsprinzip, eine neue Geochronometrie

Israel 1955   Deutschland 2005

Die Verlagsfirma B. G. Teubner plante zu Beginn des 20. Jahrhunderts die Herausgabe eines großen enzyklopädischen Werkes mit dem Titel *Kultur der Gegenwart. Ihre Entwicklung und ihre Ziele.*[90)]
Das in 50 Bänden disponierte Werk konnte nach dem Ersten Weltkrieg nicht vollendet werden.

Die Verträge, die der Verlag mit den bedeutendsten Vertretern aller wissenschaftlichen Fachgebiete schloß, begründen dieses große Unternehmen gegenüber den Autoren durch den folgenden, der Einzelvereinbarung vorangestellten Text:

»Für den tieferblickenden Beurteiler der Entwickelung unseres geistigen Lebens bedarf es keiner näheren Begründung, daß mit der zunehmenden Ausdehnung, der immer größeren Spezialisierung und der immer verwirrenderen Komplizierung unserer Kulturtätigkeit die Synthese des Erreichten notwendig Hand in Hand gehen muß. Gerade die hervorragendsten Geister innerhalb der einzelnen Fachgebiete sind es, welche die Dringlichkeit dieser Forderung am stärksten betonen. An feierlicher Stelle, in der Festschrift zum Zweihundertjahrsjubiläum der Königl. Preußischen Akademie der Wissenschaften, hat Hermann Diels ihr vor kurzem noch den programmatischen Ausdruck gegeben: ›So ruft also dieses Jahrhundert die ganze Wissenschaft auf zur Konzentration, zur Einigung. Wir sind es müde, bloß Stoffe zu sammeln, wir wollen geistig des Materiales Herr werden; wir wollen hindurchdringen durch die Einzelheiten zu dem, was doch der Zweck der Wissenschaft ist: zu einer allgemeinen großen Weltanschauung.‹

Zur Erreichung dieses Zieles soll das Werk beitragen helfen. In allgemein verständlicher Form soll es, aus der Feder der geistigen Führer unserer Zeit, gleichsam ein Organon der modernen Kultur – in dem Baconschen Sinne des Worts – bieten, indem es in großen Zügen die Fundamentalergebnisse der einzelnen Kulturgebiete in Wissenschaft, Technik, Kunst usw. nach ihrer Bedeutung für die gesamte Kultur der Gegenwart und für deren Weiterentwickelung vom deutschen Standpunkte aus darstellt.«

Die Kultur der Gegenwart war in fünfzig Bänden disponiert und in vier Hauptteile gegliedert:

I. Teil: Die geisteswissenschaftlichen Kulturgebiete.
    1. Hälfte: Religion, Philosophie, Literatur
II. Teil: Die geisteswissenschaftlichen Kulturgebiete.
    2. Hälfte: Staat und Gesellschaft, Recht und Wirtschaft
III. Teil: Die mathematischen, naturwissenschaftlichen und
    medizinischen Kulturgebiete
IV. Teil: Die technischen Kulturgebiete

Vom Jahre 1905 an erschienen die ersten Bände oder Abteilungen. Bis 1911, dem Jubiläumsjahr der hundert Jahre bestehenden Firma, waren bereits 16 Bände an den Buchhandel ausgeliefert. Die Auflagenhöhe wurde mit bis zu 3500 Exemplaren festgesetzt; die Ladenpreise betrugen zwischen zwölf und 36 Reichsmark für Leinen oder Halbleder-Ausgaben. Nicht wenige Bände erreichten im Zeitraum von zehn Jahren drei Auflagen. In zwanzig Jahren, bis 1925, waren dreißig Bände aus allen Wissenschaftsgebieten erschienen.

Am 25. November 1910 schloß die Verlagsfirma für die Enzyklopädie den Vertrag mit Professor Dr. Albert Einstein in Zürich über die Darstellungsgebiete
a) *Theoretische Atomistik, insbesondere kinetische Gastheorie* und
b) *Die Relativitätstheorie* des 1. Bandes *Physik* der III. Abteilung *Naturwissenschaften des Anorganischen*.

Der Band *Physik* erschien 1915 und erfuhr eine dem Stand der Forschung angepaßte zweite, neubearbeitete und erweiterte Auflage 1925. Besonders in diesem Band der Enzyklopädie und im Fortschritt seiner Auflagen wird erkennbar, was Hermann Weyl, Freund Albert Einsteins und Max Borns, mit folgender Feststellung umschrieb: »Unsere Generation ist Zeuge eines Vordringens der physikalischen Naturerkenntnis in die Tiefe, wie sie seit den Tagen von *Kepler*, *Galilei* und *Newton* nicht mehr erlebt worden ist.«[91]

Bereits 1905 hatte Einstein die erste grundlegende Arbeit über das Relativitätsprinzip veröffentlicht und die spezielle Relativitätstheorie begründet. Ab 1907 arbeitete er an der Erweiterung des speziellen zum allgemeinen Relativitätsprinzip. Ergebnis dieser Arbeit war der *Entwurf einer verallgemeinerten Relativitätstheorie und einer Theorie der Gravitation*, der 1913 im Umfang von 36 Seiten in der Teubnerschen *Zeitschrift für Mathematik und Physik* erschien.[92] 1916 folgte dann seine zusammenfassende Abhandlung *Die Grundlage der allgemeinen Relativitätstheorie* im Umfang von 45 Druckseiten.[93]

Auf Wunsch des Verlages und auf Anregung von Arnold Sommerfeld (1868-1951) entstand der Plan, die Neuausgabe des berühmten Vortrags von Hermann Minkowski (1864-1909) *Raum und Zeit*, der bald nach seiner Veröffentlichung im Jahre 1909 vergriffen war,[94] zu einer größeren Publikation zu erweitern, welche die grundlegenden Originalarbeiten über das Relativitätsprinzip enthalten sollte. Die Zustimmung von Hendrik Antoon Lorentz (1853-1928) und Albert Einstein ermöglichte die Ausführung dieses Verlagsplanes.

So konnte 1913 das Buch H. A. Lorentz – A. Einstein – H. Minkowski: *Das Relativitätsprinzip* erscheinen, als Heft 2 der Sammlung *Fortschritte der mathematischen Wissenschaften in Monographien*, herausgegeben von Otto Blumenthal. Der Herausgeber kennzeichnete dieses Buch »als eine Sammlung von Urkunden zur Geschichte des Relativitätsprinzips, die Entwicklung der Lorentzschen Ideen, Einsteins erste große Arbeit und Minkowskis Vortrag, mit dem die Popularität des Relativitätsprinzips einsetzt«.[95]

Die erste und zweite Auflage des Buches waren in wenigen Jahren vergriffen. Die Neuauflage mußte dem Erkenntnisfortschritt Rechnung tragen. Die dritte Auflage erschien 1919. Der Herausgeber Blumenthal sagt im Vorwort: »Sie bringt Einsteins bereits als Buch (bei J. A. Barth) erschienene zusammenfassende Abhandlung ›Die Grundlage der allgemeinen Relativitätstheorie‹ und außerdem vier Noten desselben Verfassers, die einerseits den Beginn seiner Gedanken über die allgemeine Relativität kennzeichnen, andererseits die jüngsten, noch unabgeschlossenen Ideenbildungen vorführen und für die weitere Entwicklung Wege weisen. So führt dieser Band durch den Bau der Relativitätstheorie, vom Grundgeschoß bis oben hin, wo noch die Balken frei in die Luft ragen.«[96]

Erfreulich rasch wurden in den folgenden vier Jahren zwei weitere Neuauflagen notwendig. Die vierte Auflage erschien 1921, die fünfte Auflage 1923. Die Neuauflagen blieben im wesentlichen unverändert. Jedoch wurde die Abhandlung von Hermann Weyl *Gravitation und Elektrizität*, die in den Sitzungsberichten der Preußischen Akademie der Wissenschaften 1918 erschien,[97] neu aufgenommen. 35 Jahre später veröffentlichte B. G. Teubner am neuen Verlagssitz Stuttgart einen Neudruck der fünften Auflage von 1923. Der letzte Neudruck erschien als neunte Auflage 1990.

1914 wurde Albert Einstein, der zuvor Professuren in Zürich und in Prag versah, nach Berlin berufen, als Leiter einer Forschungsstelle der Preußischen Akademie der Wissenschaften und als Direktor des Kaiser-Wilhelm-Instituts für Physik. 1921 erhielt er den Nobelpreis für Physik. Zu dieser Zeit war bereits die Fehde zwischen der von Einsteins Gegnern so bezeichneten »deutschen« und »jüdischen« Physik entbrannt. Im September 1920 fand die Versammlung der Gesellschaft Deutscher Naturforscher und Ärzte in Bad Nauheim statt. Max Born berichtet in seinem Kommentar zu dem zwischen Einstein und ihm geführten *Briefwechsel 1916-1955*:

VI. Albert Einstein (1879-1955)

»Dort ereignete sich ein böser Zusammenstoß zwischen Einstein und seinen Gegnern, deren Motive keineswegs rein wissenschaftlich, sondern mit antisemitischen Gefühlen stark vermengt waren [...]. In der physikalischen Sektion richtete Philipp Lenard scharfe, bösartige Angriffe gegen Einstein, mit unverhüllt antisemitischer Tendenz. Einstein ließ sich dazu hinreißen, scharf zu antworten, und ich glaube mich zu erinnern, daß ich ihm sekundierte. Einstein kommt in einem späteren Brief darauf zurück und bedauert, daß er sich in Erregung versetzen ließ und sich [›durch schlechte Gesellschaft so tief‹] in Humorlosigkeit verloren habe. Lenard betrieb von da an eine systematische Einstein-Hetze. Er erfand den Unterschied zwischen ›deutscher‹ und ›jüdischer‹ Physik. Er und ein anderer bedeutender Physiker, Johannes Stark, beide später Träger des Nobelpreises, wurden unter den Nazis führend im Betriebe der Wissenschaft und in der Entfernung aller jüdischen Gelehrten. Die große Gefahr des Antisemitismus für die deutsche Wissenschaft wurde damals in Nauheim zum ersten Male in Umrissen sichtbar.«[98)]

Einstein kehrte 1923 von seinen großen Weltreisen nach Berlin zurück. Werner Heisenberg schreibt in seinem Vorwort zum Briefwechsel Einstein – Born:

»Er nahm regelmäßig an dem Kolloquium teil, in dem die Elite der Berliner Physik (darunter Max Planck, Max v. Laue und Walther Nernst) sich zusammenfand, um die aktuellen Probleme der damaligen Forschung zu erörtern. Einsteins Diskussionsbemerkungen in diesem Kolloquium und die Einzelgespräche, zu denen er die Partner oft in seine Wohnung einlud, waren vielleicht der wichtigste Teil seiner damaligen Lehrtätigkeit. Aber auch diese Wirksamkeit im engeren Kreis wurde bald durch die politische Entwicklung beeinträchtigt, der man sich in der Großstadt Berlin schwerer entziehen konnte als in dem freundlichen Universitätsstädtchen Göttingen. Einstein sah die politische Katastrophe früh voraus [...] Es war ein Teil der großen Tragödie Deutschlands, daß dieses wissenschaftliche Leben 1933 ein schnelles und gewaltsames Ende fand.«[99)]

Einstein hatte schon 1931 neue Verpflichtungen in Kalifornien übernommen. Er kehrte im Frühjahr 1933 nach Europa zurück, ging aber nach Belgien und England und nicht nach Deutschland, weil er, wie Max Born sagte, »dort seines Lebens nicht sicher gewesen wäre«[100)].

Noch auf der Überfahrt von Amerika nach Europa schrieb Einstein am 28. März 1933 diesen Rücktrittsbrief:
»28. III. 33
An die Preußische Akademie der Wissenschaften. Berlin.
Die in Deutschland gegenwärtig herrschenden Zustände veranlassen mich, meine Stellung bei der Preußischen Akademie der Wissenschaften hiermit niederzulegen.
Die Akademie hat mir 19 Jahre lang die Möglichkeit gegeben, mich frei von jeder beruflichen Verpflichtung wissenschaftlicher Arbeit zu widmen. Ich weiß, in wie hohem Maße ich ihr zu Dank verpflichtet bin. Ungern scheide ich aus ihrem Kreise auch der Anregungen und der schönen menschlichen Beziehungen wegen, die ich während dieser langen Zeit als ihr Mitglied genoß und stets hoch schätzte.
Die durch meine Stellung bedingte Abhängigkeit von der Preußischen Regierung empfinde ich aber unter den gegenwärtigen Umständen als untragbar.
Mit aller Hochachtung
Albert Einstein.«[101]

Aus Oxford schreibt Einstein an seinen Freund Born, der Ende April unter dem Zwang des neuen Gesetzes seine Professur niederlegte und sich entschloß, Deutschland sofort zu verlassen: »Ich glaube, Du weißt, daß ich nie besonders günstig über die Deutschen dachte (in moralischer und politischer Beziehung). Ich muß aber gestehen, daß sie mich doch einigermaßen überrascht haben durch den Grad ihrer Brutalität und – Feigheit. – Ich bin in Deutschland zur bösen Bestie avanciert und man hat mir alles Geld genommen. Ich tröste mich aber damit, daß letzteres doch bald hin wäre.«[102]

Einstein fand nach 1933 seine endgültige Wirkungsstätte am »Institute for Advanced Study« in Princeton, wo er eines der bedeutendsten amerikanischen Forschungszentren zu entwickeln half. Dort starb er am 18. April 1955. »Das Land der Massenmörder unserer Stammesgenossen«[103] (Brief an Max Born, Oktober 1953) betrat er nicht mehr.

Gegenexemplar gesandt
am 29.Nov.1910.

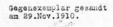

Abänderung vorbehalten.
Stempel nach Tarifstelle 3.25
Wert zufolge Eingang: 500 M
Stempelsteuer abgelöst
II. Veranlagung d. Finanzamts
Lg.-Mitte v. 20. XII. 1937

VERTRAG.

Unter der Redaktion des Herrn Professor Dr. PAUL HINNEBERG gibt die Verlagsbuchhandlung B. G. TEUBNER ein großes enzyklopädisches Werk heraus mit dem Titel:

DIE KULTUR DER GEGENWART.
IHRE ENTWICKELUNG UND IHRE ZIELE.

Für den tieferblickenden Beurteiler der Entwicklung unseres geistigen Lebens bedarf es keiner näheren Begründung, daß mit der zunehmenden Ausdehnung, der immer größeren Spezialisierung und der immer verwirrenderen Komplizierung unserer Kulturtätigkeit die Synthese des Erreichten notwendig Hand in Hand gehen muß. Gerade die hervorragendsten Geister innerhalb der einzelnen Fachgebiete sind es, welche die Dringlichkeit dieser Forderung am stärksten betonen. An feierlicher Stelle, in der Festschrift zum Zweihundertjahrsjubiläum der Königl. Preußischen Akademie der Wissenschaften, hat HERMANN DIELS ihr vor kurzem noch den programmatischen Ausdruck gegeben: „So ruft also dieses Jahrhundert die ganze Wissenschaft auf zur Konzentration, zur Einigung. Wir sind es müde, bloß Stoffe zu sammeln, wir wollen geistig des Materiales Herr werden; wir wollen hindurchdringen durch die Einzelheiten zu dem, was doch der Zweck der Wissenschaft ist: zu einer allgemeinen großen Weltanschauung."

Zur Erreichung dieses Zieles soll das Werk beitragen helfen. In allgemein verständlicher Form soll es, aus der Feder der geistigen Führer unserer Zeit, gleichsam ein Organon der modernen Kultur — in dem Baconischen Sinne des Wortes — bieten, indem es in großen Zügen die Fundamentalergebnisse der einzelnen Kulturgebiete in Wissenschaft, Technik, Kunst usw. nach ihrer Bedeutung für die gesamte Kultur der Gegenwart und für deren Weiterentwickelung vom deutschen Standpunkte aus darstellt.

In diesem Sinne sollen die historischen Teile des Werkes in Längsschnitten die wesentlichsten Leistungen der einzelnen Epochen auf den verschiedenen Kulturgebieten entwickelnd darstellen, soweit sie für die Folgezeit von grundlegender Bedeutung geworden sind und noch über die Gegenwart hinaus Interesse versprechen, während andererseits die systematischen Teile in Querschnitten die gegenwärtige Struktur der betr. Gebiete in ihren wichtigsten Grundzügen veranschaulichen, die heut in denselben herrschenden Hauptströmungen charakterisieren und die für die Zukunft einzuschlagenden Wege aufzeigen sollen.

Sammelwerken ähnlicher äußerer Anlage gegenüber soll das geplante Werk somit eine besondere Bedeutung gewinnen, indem es

1. weitentfernt, handbuchmäßige Vollständigkeit, die auch Berücksichtigung des Abgelebten, Veralteten bedingen würde, und schematische Gleichförmigkeit der Behandlung anzustreben, seine eigentliche Aufgabe sieht in der Hervorhebung des für die Gegenwart Lebendigen und für die Zukunft Fruchtverheißenden;

2. die Erreichung dieses Zieles in einer die Gefahr einseitiger subjektiver Darstellung ausschließenden Weise gewährleistet durch die Gewinnung der bedeutendsten Vertreter der einzelnen Gebiete.

Für das im obigen charakterisierte Werk, das aus vier Hauptteilen und einer größeren Anzahl Abteilungen bestehen wird, erklärt sich Herr

Professor Dr. Albert E i n s t e i n in Zürich

bereit, die Bearbeitung de$\mathcal{r}$ Artikel..

a) "Theoretische Atomistik, insbesondere kinetische Gastheorie" und b) "Die Relativitätstheorie"
des 1. Bandes "Physik" der III. Abteilung "Naturwissenschaften des Anorganischen"

zu übernehmen. Er überträgt das unbeschränkte Urheberrecht an dieser Arbeit einschließlich der in den §§ 12 und 14 des Gesetzes vom 19. Juni 1901 dem Urheber vorbehaltenen Befugnis zu Bearbeitungen für alle Auflagen und Ausgaben an die Verlagsbuchhandlung.

Die erste Auflage des Werkes soll in 3 0 0 0 b i s 3 5 0 0 Exemplaren gedruckt werden. Der Verlegerin steht das Recht zu, weitere Auflagen einzelner Abteilungen oder Teile oder des ganzen Werkes in gleicher, größerer oder geringerer Zahl von Exemplaren nach ihrem alleinigen Ermessen zu veranstalten.

Die üblichen Zuschuß-, Rezensions- und Freiexemplare darf die Verlegerin bei jeder Auflage außer der festgesetzten Anzahl von Exemplaren herstellen bis zur Höhe von 10% der Auflage. Ebenso darf sie Propaganda und Probelieferungen, ohne zu einer Honorarzahlung verpflichtet zu sein, herstellen lassen. Ein Nachweis der bestimmungsgemäßen Verwendung dieser Exemplare und Lieferungen liegt der Verlegerin nicht ob. Dem Verfasser gebührt für die überzähligen Exemplare keine Vergütung.

Als Vergütung für die erste Auflage eines jeden Artikels verpflichtet sich die Verlagsbuchhandlung dem Herrn Verfasser zu zahlen M. 240.- bis 280.- (zweihundertvierzig bis zweihundertachtzig Mark) für den Druckbogen von 16 Seiten des Formates und der Ausstattung dieses Vertrages. Die Vergütung ist jeweils zahlbar, sobald der betr. Artikel im Druck erschienen ist.

Für jede spätere in entsprechender Auflagenhöhe, in gleichem Format und Satz hergestellte Auflage gebührt dem Herrn Verfasser dasselbe Honorar. Werden spätere Auflagen in mehr oder weniger Exemplaren, oder in anderem Format oder Satz hergestellt, so erhöht oder vermindert sich das Honorar hiernach verhältnismäßig.

Der Herr Verfasser verspricht, die Arbeit gemäß den obigen, für den Erfolg des Unternehmens ausschlaggebenden Grundsätzen zu gestalten. Insbesondere soll die Darstellung für den Gebildeten allgemein verständlich sein und künstlerische Form anstreben, wie dies die beifolgenden Probeartikel tun, die wir sonst, in bezug auf die Zerlegung des Stoffes in kleinere Abschnitte mit Untertitel usf., als Muster zugrunde zu legen bitten. Aus denselben Gründen ist es geboten, Anmerkungen zu vermeiden, dagegen am Schluß eines jeden Artikels kurze, das Wesentliche heraushebende Literaturangaben beizufügen.

Soll das ins Auge gefaßte Ziel erreicht werden, so ist für die Durchsichtigkeit und Gleichmäßigkeit des Aufbaues, wie sie die beigefügte Inhaltsübersicht anstrebt, aber auch strenge Raumbescheidung und genaue Umfangsabgrenzung der einzelnen Artikel notwendige Vorbedingung. Der Herr Verfasser verspricht deshalb den Umfang des von ihm zu bearbeitenden Artikel.. keinesfalls über je. 16 Seiten, die Seite zu 44 Zeilen mit je etwa 19 Silben, also zus. 836 Silben, auszudehnen.

Da ferner der Zweck des Werkes nur erreicht werden kann, wenn ein rasches Erscheinen gewährleistet ist, so ist in Aussicht genommen, die einzelnen Abteilungen soviel als möglich nebeneinander zu veröffentlichen. Die Redaktion wird den Herren Mitarbeitern deshalb jeweils ein halbes Jahr vor Druckbeginn der ihren Artikel enthaltenden Abteilung entsprechend Mitteilung machen. Der Herr Verfasser verpflichtet sich, das Manuskript dann zu diesem Zeitpunkte an den betreffenden Herrn Bandredakteur zu senden.

Mit Rücksicht auf die außerordentliche Wichtigkeit dieser beiden Punkte, des streng organischen Aufbaues der Darstellung wie des gleichmäßig raschen Erscheinens der einzelnen Abteilungen, muß sich die Verlagsbuchhandlung das Recht vorbehalten, bei Manuskripten, die den in Aussicht genommenen Umfang wesentlich überschreiten, entsprechende Kürzungen des Textes von seiten des Verfassers zu fordern, sowie die Annahme solcher Manuskripte, die nicht zu dem bestimmten Termin eingehen, abzulehnen.

Der Herr Verfasser ist zur unverzüglichen Berichtigung der von den gewöhnlichen Satzfehlern vorher zu befreienden Korrekturbogen ohne besondere Vergütung berechtigt und verpflichtet. Erfolgt die Rücksendung der jeweiligen Korrekturbogen innerhalb der nächsten vier Wochen nicht, so soll dem Bandredakteur das Recht zustehen, auf Grund des vom Verfasser eingelieferten Textes das Imprimatur zu erteilen.

Der Herr Verfasser erhält 20 Abzüge seiner Arbeit, sowie ein vollständiges Exemplar des sie enthaltenden Bandes des Gesamtwerkes. Weitere Exemplare dieses Bandes, sowie der anderen Abteilungen stehen ihm zum eigenen Gebrauche zum Buchhändlerpreis zur Verfügung.

Wird eine neue Auflage notwendig, so hat die Verlagsbuchhandlung dem Herrn Verfasser Gelegenheit zu geben, erforderliche Veränderungen und Verbesserungen anzubringen. Der Herr Verfasser verpflichtet sich, diese Veränderungen und Verbesserungen persönlich vorzunehmen. Lehnt der Herr Verfasser die Vornahme der Veränderungen und Verbesserungen aus besonderen Gründen ab, oder aber liefert er sie nicht innerhalb von 3 Monaten nach gegebener Aufforderung ein, oder ist der Herr Verfasser verstorben, so hat die Verlagsbuchhandlung das Recht, die Durchsicht und event. Umarbeitung einem Dritten zu übertragen, der die Befugnis hat, die notwendigen Zusätze, Kürzungen oder sonstige Änderungen vorzunehmen.

Für die ersten zwei von einem Dritten in dieser Weise bearbeiteten Auflagen erhält der Verfasser bez. seine Erben als Entschädigung für die Benutzung des von ihm verfaßten Textes die Hälfte der vorstehend vereinbarten Vergütung, während die andere Hälfte dem Bearbeiter zufällt. Für weitere Auflagen erhält dieser die volle Vergütung.

Den Ladenpreis bestimmt für jede Auflage die Verlagsbuchhandlung; sie kann ihn später erhöhen oder erniedrigen.

Sollten sich über die vorstehenden Vereinbarungen irgend welche Zweifel ergeben, so sind sie nach den Bestimmungen des Bürgerlichen Gesetzbuches über den Werkvertrag und nach den §§ 30, 31 und 47 des Gesetzes vom 19. Juni 1901 über Verlagsrecht auszulegen.

Zürich, den 25. Feb. 1910   Leipzig, den 25. Nov. 1910

VII. Max Born (1882-1970)
Kristallgitter und Quantenmechanik

Max Born wurde 1914 als Extraordinarius der Theoretischen Physik an die Universität Berlin berufen. 1919 tauschte er mit Max von Laue (1879-1960) den Lehrstuhl für Theoretische Physik in Frankfurt am Main. 1920 erhielt er einen Ruf nach Göttingen auf den Lehrstuhl für Theoretische Physik, den sein Lehrer Woldemar Voigt (1850-1919) versehen hatte; dessen Nachfolger Peter Debye war einem Ruf nach Zürich gefolgt.

Voigt wurde berühmt durch sein *Lehrbuch der Kristallphysik* von 1910; ein ergänzter Neudruck erschien 1928 in der Reihe *Teubners Lehrbücher der mathematischen Wissenschaften*.[104] Dieses Standardwerk beeinflußte Borns Monographie *Dynamik der Kristallgitter* von 1915 und seinen enzyklopädischen Artikel *Atomtheorie des festen Zustandes* von 1922/23.[105]

Born, bedenkend, ob er den Göttinger Ruf annehmen solle, bat Albert Einstein um Rat. Einstein schrieb ihm am 3. März 1920: »Da ist schwer zu raten. Die theoretische Physik wird eben dort gedeihen, wo Ihr seid; denn einen zweiten Born gibt es heute in Deutschland nicht mehr. Also fragt es sich hier, wo es Euch angenehmer ist ... Am besten ist es, Ihr folgt Eurem Herzen, ohne zu viel nachzudenken. Außerdem fühle ich mich als nirgends wurzelnder Mensch nicht zum Raten befugt.« (Briefwechsel 1916-1956, S. 48.)

Born entschied sich für Göttingen, als ihm der Kultusminister Carl Becker in Berlin die Bedingung erfüllte, einen Experimentalphysiker gleichzeitig zu berufen. Er schlug seinen Freund James Franck vor, »dessen in Gemeinschaft mit Gustav Hertz ausgeführte Untersuchungen über die Anregung von atomaren Linienspektren durch Elektronenstoß ich sehr bewunderte; sie bestätigten die grundlegenden, revolutionären Annahmen der Bohrschen Atomtheorie und waren so eines der Fundamente der Quantenphysik. Daß ich recht gewählt hatte, zeigte nicht nur die Erteilung des Nobelpreises für 1925 an Franck und Hertz, sondern auch die Blüte der Experimentalphysik in Göttingen während der nächsten zwölf Jahre (1921-1933).« (Briefwechsel S. 50.)

Born gründete in Göttingen eine Schule der Theoretischen Physik, und es gelang ihm, einen Kreis höchstbegabter jüngerer Physiker um sich zu sammeln, namentlich Werner Heisenberg (1909-1976), Pascual Jordan (1902-1980), Wolfgang Pauli (1900-1958), Friedrich Hund (1896-1997), mit denen er in das unbekannte Neuland der »Quantentheorie der Atomstruktur« (Born) vordrang, für die er erstmals 1924 den Begriff »Quantenmechanik« verwendete. Göttingen wurde eines der wirkungsmächtigsten Zentren der modernen Physik in der Welt. Dieser Mittelpunkt war eingebettet in die Göttinger mathematische Tradition, begründet von Carl Friedrich Gauß (1777-1855) und Bernhard Riemann (1826-1866), weitergeführt von Felix Klein (1849-1925), Hermann Minkowski, David Hilbert (1862-1943) und Hermann Weyl, dem Nachfolger Hilberts. Über Weyls

VII. Max Born (1882-1970)

Wirkung in Seminaren und Kolloquien schreibt Born an Einstein im Februar 1931: »Weyl ist überhaupt eine wunderbare Bereicherung unseres Kreises. Er kommt oft ins physikalische Kolloquium und regelmäßig in mein theoretisches Seminar, ergreift auch oft das Wort, und alles, was er vorbringt, ist ungeheuer lebendig, klug, scharfsinnig. Meine jungen Leute haben viel von ihm gelernt, aber er selber ist auch durch das Seminar zu zwei kleinen Arbeiten über Anwendungen der Gruppentheorie auf Moleküle und Valenzen angeregt worden.« (Briefwechsel S. 152.)

Max Borns Buch *Vorlesungen über Atommechanik*, das unter Mitwirkung seines Assistenten Friedrich Hund 1925 erschien, hatte noch, wie er später urteilte, »die ›Quantenbedingungen‹ auf die klassischen mechanischen Gesetze aufgepfropft«. Ein dem Buch folgender zweiter Band sollte »dann eine höhere Annäherung an die ›endgültige‹ Atommechanik enthalten«.[106] Noch 1925 erschienen die Arbeiten von Heisenberg, Jordan und Hund, welche »die neue Mechanik begründeten«.[107] Born erkannte den Wahrscheinlichkeitscharakter der quantentheoretischen Aussagen. Nun nahm er gemeinsam mit Jordan den zweiten Band seines Buches in Angriff. Die Abfassung dauerte mehrere Jahre. In der Einleitung schrieb Born: »Die Hoffnung, daß der Schleier, der damals noch über der eigentlichen Struktur der Atomgesetze hing, bald fallen müsse, hat sich in überraschend schneller und gründlicher Weise erfüllt.«[108]

Albert Einstein schrieb am 4. Dezember 1926 an Born: »Die Quantenmechanik ist sehr achtung-gebietend. Aber eine innere Stimme sagt mir, daß das doch nicht der wahre Jakob ist. Die Theorie liefert viel, aber dem Geheimnis des Alten bringt sie uns kaum näher. Jedenfalls bin ich überzeugt, daß *der* nicht würfelt.«[109]

Für die statistische Deutung der Quantenmechanik aus dem Jahre 1926 erhielt Born erst im Jahre 1954 den Nobelpreis für Physik.

In die frühe Göttinger Epoche fällt auch Max Borns Monographie, die ihn mit dem Teubnerschen Verlag verband: *Atomtheorie des festen Zustandes (Dynamik der Kristallgitter)*. Diesen Beitrag schrieb Born, auf Einladung Arnold Sommerfelds, für die *Encyklopädie der mathematischen Wissenschaften mit Einschluß ihrer Anwendungen*; er erschien 1923 im III. Teil des V. Bandes *Physik*. Eine Sonderausgabe wurde gleichzeitig – als zweite Auflage seiner 1915 veröffentlichten Monographie *Dynamik der Kris-*

tallgitter – in die Verlagssammlung *Fortschritte der mathematischen Wissenschaften in Monographien* aufgenommen. Die *Encyklopädie* wurde in Verbindung mit einer aus den führenden Vertretern ihrer Disziplinen bestehenden Kommission, darunter Felix Klein, der selber den IV. Band *Mechanik* herausgab, im Jahre 1898 begründet, und sie wurde 1935 abgeschlossen, mit einem Gesamtumfang von mehr als 20.000 Druckseiten.[110] Im Bande *Physik* erschien, neben Borns Beitrag, im Jahr 1922 auch Wolfgang Paulis *Relativitätstheorie*, als die beste Darstellung im Urteil Einsteins. Die *Encyklopädie der mathematischen Wissenschaften* ist die Summe der Ergebnisse, welche die Mathematik, Mechanik, Physik, Geodäsie, Geophysik und Astronomie mit ihren Einzeldisziplinen bis zu den ersten drei Jahrzehnten des 20. Jahrhunderts hervorbrachten. Die *Encyklopädie* erschien gleichzeitig in einer französischen Ausgabe. Sie ist das größte Unternehmen, das je den mathematischen Wissenschaften und ihren Anwendungen gewidmet wurde.

Wir nähern uns den entscheidungsvollen anderthalb Jahren zwischen Oktober 1931 und April 1933, in denen, wie Max Born rückblickend schreibt,»so viel geschah, daß wissenschaftliche Probleme in den Hintergrund rückten. Es war die schon erwähnte Zeit meines Dekanats. Mehrere Wahlen zum Reichstag fanden statt, bei denen die Zahl der Nazi-Abgeordneten wuchs und die Macht Hitlers zunahm. Seine braunen Scharen terrorisierten das Land, dann kam Hitlers Machtergreifung. Und eines Tages (Ende April 1933) fand ich meinen Namen in der Zeitung in der Liste derer, die nach den neuen ›Gesetzen‹ als Beamte als untragbar galten. Franck war nicht unter ihnen, weil er noch als ›Frontkämpfer‹ im Ersten Weltkrieg geduldet wurde.«[111]

Born folgerte für sich und seine Familie:»Wir hatten uns nach meiner ›Beurlaubung‹ entschlossen, Deutschland sofort zu verlassen [...] So fuhren wir Anfang Mai 1933 nach Südtirol [...] Von Selva aus habe ich offenbar an Einstein via Ehrenfest (Holland) geschrieben [...].«[112]

Einstein antwortet aus Oxford:»Ich freue mich, daß Ihr Eure Stellen niedergelegt habt (Du und Franck). Es bedeutet gottlob für Euch beide kein Risiko. Es blutet mir aber das Herz, wenn ich an die Jungen denke.«[113]

Max Born erhielt noch im Jahr 1933 eine Einladung für ein ganzes Jahr ohne Lehrverpflichtungen nach Paris; er zog ihr jedoch eine Einladung nach Cambridge vor; er wurde »Stokes Lecturer« und genoß die Gastfreundschaft des Cavendish Laboratory unter Ernest Rutherford und des Gonville and Caius College (dem er früher als »advanced student« angehört hatte). 1936 erhielt er eine Berufung an die Universität Edinburgh. »Sie bedeutete für uns das Ende der Unsicherheit und den Beginn eines neuen Lebens in Schottland.«[114] 1939 wurde er britischer Staatsbürger.

In Edinburgh wandte sich Max Born noch einmal dem Thema seiner für unsere mathematische *Encyklopädie* geschriebenen Darstellung zu: einer »systematisch auf quantenmechanischer Grundlage« aufgebauten Theorie der Kristallgitter, die 1954 in Oxford unter dem Titel *Dynamical Theory of Crystal Lattices* erschien.[115] Seiner früheren Darstellung der Optik ließ er ein neu verfaßtes Buch *Principles of Optics* folgen, dessen erste Auflage 1959 mit 8.000 Exemplaren rasch verbreitet wurde und das zwei weitere Auflagen bis zu Borns Tod erfuhr.[116]

Nach dem Ende des Krieges wurde Born als Professor Emeritus in Göttingen mit vollem Gehalt wieder eingesetzt. In Edinburgh wirkte Born bis 1954, um dann nach Deutschland zurückzukehren; im Herbst 1953 war er von seinem Lehramt zurückgetreten. Noch in diesem Jahr wurde er bei der Jahrtausend-Feier der Stadt Göttingen, zusammen mit James Franck (1882-1964) und Richard Courant (1888-1972), zum Ehrenbürger ernannt. Er wählte mit seiner Frau, glücklicher Tage der Verlobungszeit gedenkend, als Wohnsitz das nahegelegene Bad Pyrmont. Der Nobelpreisträger des Jahres 1954 unterzeichnete, zusammen namentlich mit Otto Hahn (1879-1968), Max von Laue, Carl Friedrich von Weizsäcker (1912-2007) und Walther Gerlach (1889-1979), die »Erklärung der Göttinger Achtzehn«, die sich gegen die atomare Aufrüstung der Bundesrepublik wandte.[117]

Max Born starb am 5. Januar 1970 in Göttingen.

Friedrich Hund, Mitarbeiter Max Borns und später selber Ordinarius der Theoretischen Physik in Leipzig und zuletzt in Göttingen, veröffentlichte bei B. G. Teubner 1956 und 1957 ein *Lehrbuch der Theoretischen Physik* in drei Bänden, dessen dritte bis fünfte Auflage in den Jahren 1962 bis 1966 erschien. Diesen drei Bänden schloß er 1961 ein eigenes Buch besonderen Charakters an: *Theorie des Aufbaues der Materie*, das »auch dem angehenden Forscher auf dem Gebiete des Aufbaues der Materie die Voraussetzungen zum Studium der Spezialwerke liefern möchte«. Einleitend faßt Hund die Grundgedanken und Methoden der Quantentheorie in drei Sätzen zusammen:

»Es war ein Triumph der Quantentheorie, daß sie durch Erweiterung der zum Begreifen der Natur dienenden Denkformen das Atom denkmöglich machte, damit aus Physik und Chemie eine im Grundsätzlichen einheitliche Wissenschaft der unbelebten Natur schuf und den Aufbau der Materie, wenigstens im Bereich der gewöhnlichen Materie, verstehen lehrte ... Die wichtigsten Begriffe dieser Theorie: Bindung durch Elektronen, Deutung der chemischen Valenz, Energiebänder in Kristallen, Elektron im Kristallgitter, gebraucht fast jeder Physiker, und ihre Tragweite und ihre Grenzen sollten ihm klar sein wie bei den Begriffen etwa des elektromagnetischen Feldes, der Temperatur und der Elektronen im Atom. – Aus der ›Quantenchemie‹ und der Theorie der Elektronen im Kristall sind heute Spezialgebiete mit hochentwickelter Technik des Rechnens geworden. Aber mit jeder Technik verliert man ein Stück Ursprünglichkeit und Unbefangenheit. Mit der Zurückdrängung der Technik möchte das Buch zum unbefangenen Verständnis des Wesentlichen und Grundsätzlichen führen.«

Mit diesen Worten folgt Friedrich Hund seinem Lehrer Max Born; sie atmen Geist von seinem Geist.

VIII. Hermann Weyl (1885-1955)
Die Idee der Riemannschen Fläche – Theorie der Gruppen

Über Hermann Weyl sagt Max Born: »Hermann Weyl, der zugleich mit mir in Göttingen Student und später Privatdozent gewesen war, wurde Hilberts Nachfolger. Weyl war einer der letzten großen Mathematiker, die sich noch mit theoretischer Physik und Astronomie beschäftigt und wichtige Beiträge dazu geliefert haben. Als Hitler zur Macht kam, ging er nach Princeton an das ›Institute for Advanced Study‹, wo auch Einstein war.« (Briefwechsel Einstein – Born, S. 155.)

Hermann Weyl war bis zu seinem Tode mit dem Verlag B. G. Teubner als Autor eines Werkes verbunden, das die Entwicklung der Mathematik maßgebend beeinflußt hat: ein *monumentum aere perennius*.

Die Verlagsfirma schloß am 14. August 1912 den Vertrag mit Weyl über das Buch *Die Idee der Riemannschen Fläche*. Den Vertrag unterzeichnete Alfred Ackermann-Teubner (1857-1941), Enkel des Firmengründers Benedictus Gotthelf Teubner, der gemeinsam mit seinem Vetter Alfred Giesecke die Firma führte und dem die Leitung des mathematisch-naturwissenschaftlichen und des technischen Verlages oblag; er war mit Felix Klein und der gesamten Göttinger Mathematik auf das engste verbunden. Er diente der Deutschen Mathematiker-Vereinigung von 1903 bis 1919 als Schatzmeister; für die Entwicklung der Mathematik wirkte er segensreich; ihre Vertreter bekannten 1911, bei der Hundertjahrfeier: »Die Firma B. G. Teubner ist die Heimstätte der deutschen Mathematik geworden.«[118]

Hermann Weyls Buch *Die Idee der Riemannschen Fläche* erschien 1913. Im Jahre 1923 folgte ein erweiterter Neudruck als zweite Auflage. Bald nach der Sitzverlegung der Firma von Leipzig nach Stuttgart im Jahr 1952 trat der Teubnersche Verlag an Hermann Weyl in Princeton mit der Aufforderung heran, eine Neuauflage zu veranstalten, da die Nachfrage nach dem Buch weiter bestehe. Diese dritte, vollständig umgearbeitete Auflage konnte 1955 erscheinen. Im Vorwort vom Januar 1955 schreibt Weyl im Rückblick auf die Erstauflage dieses Buches: »Seine Absicht war, die Grundideen der Riemannschen Theorie der algebraischen Funktionen und ihrer Integrale so zu entwickeln, daß auch die in die Theorie hineinspielenden Begriffe und Sätze der Analysis situs eine den modernen Anforderungen an Strenge genügende Behandlung erfuhren. Dies war vorher nicht geschehen. ... Das Buch war Felix Klein ›in Dankbarkeit und Verehrung‹ gewidmet. Erst Klein hat ja jene freiere Auffassung der Riemannschen Fläche recht zur Geltung gebracht, welche ihre Verbindung mit der komplexen Ebene als eine über der Ebene sich ausbreitende Überlagerungsfläche aufhebt, und hatte dadurch dem Grundgedanken Riemanns erst seine volle Wirkungskraft gegeben. Auch war es mir vergönnt gewesen, den Gegenstand mit Klein selbst in mehreren mündlichen Unterhaltungen durchzusprechen. Ich teilte seine Überzeugung, daß die Riemannsche Fläche nicht bloß ein Mittel zur Veranschaulichung der Vieldeutigkeit analytischer Funktionen ist, sondern ein unentbehrlicher sachlicher Bestandteil der Theorie; nicht etwas, was nachträglich mehr oder minder künstlich aus den Funktionen herausdestilliert wird, sondern ihr prius, der Mutterboden, auf dem die Funktionen erst wachsen und gedeihen können. ... In den mehr als 40 Jahren, die seit dem Erscheinen des Buches vergangen sind, hat sich das Antlitz der Mathematik merklich verändert. Vor allem ist aus dem jungen Sproß der ›Analysis situs‹ der mächtige, weite Gebiete unserer Wissenschaft überschattende Baum der Topologie geworden. ... Die Richtung, in der ich danach eine gründlichere, den kombinatorischen Aspekt noch stärker als früher betonende Umarbeitung des ersten topologischen Teiles unternahm, mag man aus einem in der Zeitschrift für angewandte Mathematik und Physik (**4**, 1953, 471-492) erschienenen Artikel von mir *Über die kombinatorische und kontinuumsmäßige Definition der Überschneidungszahl zweier geschlossener Kurven auf einer Fläche* entnehmen. Aber während der Arbeit kam mir der am Schluß dieses Artikels ausgeführte Gedanke, die Überschneidungszahl durch ›Topologisierung‹ der von mir 1913 verwendeten Konstruktion der Abelschen Integrale 1. Gattung zu definieren. Auf diese Weise ergab sich ein durchsichtigerer Aufbau namentlich des zweiten funktionentheoretischen Teiles des Buches; dabei brauchte auch ein wichtiger Umstand, daß nämlich die Imaginärteile der über die geschlossenen Wege einer Wegebasis erstreckten Integrale der diesen Wegen zugeordneten Integrale 1. Gattung die Koeffizienten einer positiv-definiten quadratischen Form sind, nicht länger unterschlagen zu werden. Zugleich fand ich mich so in Einklang mit der Tendenz der neueren Topologie, Zerschneidung einer Mannigfaltigkeit durch Überdeckung mit sich überlappenden Umgebungen zu ersetzen. Freilich erwies es sich dann als zweckmäßig, die Riemannschen nicht den allgemeinsten topologischen, sondern den differentiierbaren Flächen zu subsumieren. Grundlegend blieb die schon in der ersten Auflage vollzogene Trennung in Real- und Imaginär-Teil, welche die Bezugnahme auf eine kanonische Zerschneidung in Riemanns Sinne überflüssig machte. Wie nützlich dieser Schritt war, wird wohl am deutlichsten belegt durch die inzwischen vollzogene Verallgemeinerung auf höhere Dimensionszahlen: die reellen harmonischen, und nicht die komplexen holomorphen linearen Differentialformen, haben sich hier als der Ausgangspunkt der Konstruktion bewährt ...«

Nach Lieferung des Manuskriptes der Neuauflage schrieb Weyl am 22. April 1954 an B. G. Teubner: »In Princeton an unserem Institute habe ich eine Vorlesung über die Ideen gehalten, die der Neuauflage zugrunde liegen, und auch an Harvard University habe ich einen Vortrag darüber gehalten. Hier wie dort bin ich auf großes Interesse gestoßen. So will ich mit Ihnen hoffen, daß das Buch (in das ich viel Arbeit hineingesteckt habe) ein Erfolg wird.« Die Freude, die Weyl bei den Vorlesungen und bei der Bearbeitung des alten Textes empfand, spricht wohl auch ein Satz in seinem Lebensrückblick aus: »Mir war's dabei zumut, wie wenn ein Mann, nachdem er sich einen langen Werktag über gemüht hat, das Seine zu tun, so gut er's vermag, nun, da die Sonne sinkt und die versöhnende Nacht hereinbricht, sich ein stilles Abendlied auf der Flöte bläst.« Die dritte Auflage erschien noch zu seinen Lebzeiten. Unveränderte Neudrucke folgten als vierte Auflage 1964 und als fünfte Auflage 1974.

Im Jahre 1997 gab Reinhold Remmert, in Verbindung mit mehreren Kollegen, namentlich Hans Grauert, Stefan Hildebrandt, Friedrich Hirzebruch, Klaus Hulek, Samuel Patterson und Michael Schneider, das Jugendwerk von Hermann Weyl in der B. G. Teubner Verlagsgesellschaft Stuttgart und Leipzig neu heraus, mit vier Essays, die über die zeitlosen Themen des Buches Brücken zur Gegenwart schlagen. Der Herausgeber schreibt im Proömium, »Kalliope stand an Weyls Wiege ... nicht zuletzt auch ob der Kraft und Anmut des geschriebenen Wortes wurde *Die Idee der Riemannschen Fläche* für Topologen und Funktionentheoretiker zu einem epochemachenden Werk und Kultbuch.« Die Neuherausgabe geschah eingedenk des Wortes von Niels Hendrik Abel (1802-1829): »Wer in der Mathematik voranschreiten will, muß die Meister lesen.« Sie erschien als fünfter Supplementband im *TEUBNER-ARCHIV zur Mathematik*. Innerhalb von anderthalb Jahrzehnten legte Teubner im Rahmen dieser 1984 in Leipzig begründeten mathematikhistorischen Sammlung fünfundzwanzig Editionen vor: 19 Reihenbände und 6 Supplementbände, darunter Werke von D. Hilbert und F. Klein, den Göttinger Lehrern von H. Weyl.

Die von Michael Toepell herausgegebene und mit aktuellen Anhängen versehene vierzehnte Auflage von David Hilberts bahnbrechender Schrift *Grundlagen der Geometrie*, welche 1899 zur Feier der Enthüllung des Gauß-Weber-Denkmals in Göttingen erstmals bei B. G. Teubner erschienen war, setzte 1999 als sechster Supplementband den Schlußpunkt im Teubner-Archiv. Die Hamburger Mathematikhistorikerin Karin Reich hatte 1989 in der Zeitschrift *Historia Mathematica* geschrieben: »Editionen sind die Grundpfeiler der Mathematikgeschichte. Mit Hilfe des Teubner-Archivs werden wichtige Texte einzeln oder in sinnvoller Zusammenstellung leicht zugänglich gemacht. Die Kommentare erleichtern das Verständnis der oft schwierigen Originaltexte. Es wäre wünschenswert, daß die Reihe Teubner-Archiv auch in Zukunft wächst und gedeiht und in möglichst vielen Bibliotheken und privaten Regalen Aufnahme findet.« Mitte 1999 erfolgte der Verkauf von B. G. Teubner an Bertelsmann – in der Folgezeit konnten weitere Archiv-Bände nicht mehr realisiert werden.

Im Jahre 1913, als sein Buch erstmals bei B. G. Teubner erschienen war, folgte Weyl einem Ruf als ordentlicher Professor an die Eidgenössische Technische Hochschule in Zürich. Ab Mai 1915 leistete er Kriegsdienst im deutschen Heer. Nach Eingaben des Schweizerischen Bundesrates wurde er im Mai 1916 aus dem Heeresdienst entlassen. Mit Albert Einstein zusammenwirkend entwickelte Weyl die mathematisch-physikalischen Grundlagen der allgemeinen Relativitätstheorie in seinem Buch *Raum, Zeit, Materie* aus dem Jahr 1918. Durch die Vermittlung Weyls trat die Relativitäts- und Quantentheorie in ein Verhältnis starker Wechselwirkung mit der Mathematik.

In einer großen vierteiligen Arbeit über die Theorie der Darstellung kontinuierlicher halbeinfacher Gruppen durch lineare Transformationen aus den Jahren 1925 und 1926 verknüpft Weyl den algebraischen Strukturbegriff »Gruppe« mit der geometrischen »Mannigfaltigkeit«.[119] »Der Begriff der *Gruppe*«, sagt Weyl, ist »einer der ältesten und tiefsten mathematischen Begriffe überhaupt.«[120] Gruppentheoretische Gesichtspunkte wurden, wie Weyl betont, »für die Gewinnung der allgemein gültigen Gesetze in der Quantentheorie« wichtig.[121] Die Gruppentheorie gab darum der Quantentheorie den Schlüssel zur Ordnung der Atom- und Molekülspektren. Hermann Weyls Buch *Gruppentheorie und Quantenmechanik* von 1928[122] schuf das Bindeglied zwischen Mathematik und Physik, indem es den Zusammenhang zwischen Gruppen und Quanten darstellte. Im Jahre 1930 kehrte Hermann Weyl als Nachfolger seines Lehrers David Hilbert nach Göttingen zurück. Nach siebzehn Zürcher Jahren waren ihm nur drei Jahre in Göttingen zu wirken vergönnt. 1933, nach der Machtergreifung der Nationalsozialisten, kehrte er Deutschland den Rücken: obwohl selber einer nichtjüdischen Familie in Elmshorn, Schleswig-Holstein, entstammend, handelte er in rückhaltloser Solidarität mit seinen Freunden Max Born, Richard Courant und James Franck. Er fand in Princeton, am neugegründeten »Institute for Advanced Study«, eine neue Wirkungsstätte.

Nach seiner Emeritierung im Jahr 1951 ließ er sich wieder in Zürich nieder; dort heiratete er, nach dem Tod seiner ersten Frau Helene 1948 in Princeton, eine Zürcherin, Ellen, und in Zürich verbrachte er den größten Teil des Jahres, Forschung und Lehre an seiner alten ETH fördernd und befruchtend. In Zürich starb er am 8. Dezember 1955. Im Rückblick auf sein Leben sagte er im Todesjahr: »Ich ertrug es nicht, unter der Herrschaft dieser Dämonen und Schänder des deutschen Namens zu leben, und obschon die Losreißung mir so hart fiel, dass ich darüber einen schweren seelischen Zusammenbruch erlitt, schüttelte ich den Staub des Vaterlandes von den Füßen. Ich war so glücklich, in Amerika am neugegründeten Institute for Advanced Study in Princeton, New Jersey, eine neue fruchtbare Wirkungsstätte zu finden. Der Wissenschaftler konnte sich keine schönere wünschen; was aber Heimat ist, habe ich verlernen müssen.«[123]

Hermann Weyl war nicht nur einer der größten Mathematiker des letzten Jahrhunderts, sondern auch ein Gelehrter von seltener Universalität: er beherrschte alle Teilgebiete seiner Disziplin, und er erkannte und deutete sie in ihrem ununterbrochenen Wandel. In sein anschauendes Denken schloß er die Physik, die Philosophie und die Kunst ein. Der Titel seines Jugendwerkes *Die Idee der Riemannschen Fläche* deutet den Ursprung und die Richtung seines Denkens an. Seinen Schlüsselbegriff erklärt er uns in *Vorwort und Einleitung*: »Auch die Idee der Riemannschen Fläche erheischt, wenn wir den rigorosen Forderungen der Moderne in bezug auf Exaktheit gerecht werden wollen, zu ihrer Darstellung eine Fülle von abstrakten und subtilen Begriffen und Überlegungen. Aber es gilt nur den Blick ein wenig zu schärfen, um zu erkennen, daß hier dieses ganze vielmaschige logische Gespinst (in dem sich der Anfänger vielleicht verheddern wird) nicht das ist, worauf es im Grunde ankommt: es ist nur das *Netz*, mit dem wir die *eigentliche Idee*, die ihrem Wesen nach einfach und groß und göttlich ist, aus dem τόπος ἄτοπος, wie Plato sagt, – gleich einer Perle aus dem Meere – an die Oberfläche unserer Verstandeswelt heraufholen.«[124]

Dieser enthusiastisch vorgetragenen Überzeugung des jugendlichen Verfassers entspricht auf der höheren Ebene des Alters die einfache Wahrheit: das »Wechselspiel zwischen Tatsachen und Konstruktionen hier und dem Bildreich der Ideen dort«.[125] Diese Wahrheit ist, in Goethes Sinn, das »obere Leitende« für Hermann Weyl.

IX. Franz Ollendorff (1900-1981)
Theorie der Elektrotechnik

Als ich 1969 die Geschäfte des Teubnerschen Verlages in Stuttgart übernahm, fand ich im Verlagskatalog von 1933 ein Werk angekündigt, dessen Titel einen Planungsgedanken stützte, den ich zur Weiterentwicklung der führenden Lehrbuchreihe *Moeller, Leitfaden der Elektrotechnik* mit den Herausgebern verfolgte. Das angekündigte Werk trug den Titel *Orlich u. Ollendorff, Theoretische Elektrotechnik*. Der Zusatz »i. Vorb.« ließ nach den bibliographischen Grundsätzen des Verlags erkennen, daß das Werk im Lauf der nächsten zwei Jahre erscheinen werde. Im ›purgierten‹ Katalog von 1936 war das Werk nicht mehr aufgeführt. Aus Gesprächen mit einem 1933 in den Verlag eingetretenen Redaktionsleiter, der mir noch für die mathematisch-physikalische Planung zur Seite stand, mußte ich schließen, daß dieses Verlagswerk wohl nicht vollendet worden sei, aus Gründen, die ich nicht kannte. Mein älterer Mitarbeiter, Dr. Herbert Heisig, erinnerte sich nach wiederholter Befragung nur daran, daß der Inhaber des mathematischen Lehrstuhls an der Universität Breslau, Fritz Noether, dessen Assistent er vor 1933 gewesen war, den Namen des Mitverfassers Ollendorff mehrfach genannt und sich dafür verwendet habe, Ollendorff, den die außerordentliche Gabe mathematischer Durchdringung elektrotechnischer Probleme auszeichne, auf einen Lehrstuhl in Breslau zu berufen. Person und Werk blieben mir ein nicht enthülltes Geheimnis. Ich erkannte nur einen engen Zusammenhang zwischen dem angekündigten Werk und dem derzeit bereits in achter Auflage verbreiteten berühmten zweibändigen Lehrbuch *Abraham-Becker, Theorie der Elektrizität*, das der Verlag 1973 in der einundzwanzigsten Auflage als Fundamentalwerk der Physik weiterführte. Meine Vorgänger, denen die Führung der mathematisch-physikalischen und technischen Verlagssparten oblag, beschlossen darum wohl schon am Ende der zwanziger Jahre, der *Theorie der Elektrizität* eine neue, vergleichbar umfassende und tiefeindringende Darstellung der Theorie der Elektrotechnik an die Seite zu stellen.

Das Geheimnis, das die Entwicklung des geplanten Werkes verschleierte, enthüllte sich erst, als ich im Jahre 1976 einen Brief erhielt mit dem Absender »F. Ollendorff, z. Zt. Technische Universität Wien, Institut für Grundlagen und Theorie der Elektrotechnik«. Den Brief vom 12. Oktober 1976 leitete folgender Satz ein: »Mit Ihrem rühmlichst bekannten Verlag kam ich im Jahre 1932 in Kontakt, damals als junger Privatdozent der Technischen Hochschule Charlottenburg und Erster Assistent des dortigen Elektrotechnischen Laboratoriums unter der Leitung des Herrn Geheimrat Professor Dr. Ernst Orlich; es bestand damals der Plan zur Herausgabe eines mehrbändigen Lehrbuches der Theoretischen Elektrotechnik, und die Druckarbeiten waren bereits angelaufen, als der politische Umsturz des Jahres 1933 die Fortsetzung unterbrach.«

Hier sprach, das spürte ich bewegt, wohl der letzte lebende Autor, mit dem auf lange Sicht zusammenzuwirken unserer Verlagsfirma durch politische Unbill versagt blieb. In seinem Antwortbrief vom 27. Oktober 1976, der unser erstes Gespräch in Wien vorzubereiten half, schrieb Ollendorff: »Daß Sie in Ihrem Briefe meine Arbeit unter der Obhut des Herrn Geheimrat Professor Ernst Orlich erwähnen, hat mich schmerzlich ergriffen! Gehörte doch jene Zeit den glücklichen Jahren meiner Jugend an, seit der unendlich viel Leid über mich und unsere ganze Welt gekommen ist. Doch darf ich sagen, daß ich gerade im Andenken an meinen alten und unwandelbar von mir verehrten Lehrer versuche, meine Lebensarbeit in humanistischem Geiste zu einem guten und versöhnlichen Abschluß zu bringen.«

In unserem Gespräch in Wien im Dezember 1976 trat mir ein Gelehrter mit einem fein geschnittenen Kopf entgegen, der ein makelloses, an Goethe geschultes Deutsch sprach und mich durch seine Disziplin und seinen wissenschaftlichen Anspruch ebenso wie seine Lauterkeit, Bescheidenheit und seine Wärme einnahm. Er versicherte mir, daß die Satzkorrekturen des vereinbarten Lehrbuches der Theoretischen Elektrotechnik so gut wie erledigt und sämtliche Reinzeichnungen durch die Autoren freigegeben waren. Mit der Veröffentlichung des gesamten Werkes konnte also im Zeitraum 1935/1936 gerechnet werden.

1991, nach der Vereinigung der Teubnerschen Verlage in Stuttgart und Leipzig, fand ich in dem in Leipzig unversehrt erhaltenen Vertragsarchiv den Originalvertrag, der am 28. Februar/2. März/4. März 1933 zwischen Professor Orlich und dem Privatdozenten Dr. Ollendorff sowie der Verlagsfirma über das Werk *Theoretische Elektrotechnik* geschlossen worden war. Der Vertrag allein gibt uns noch Auskunft über die inhaltliche Disposition und den Umfang des Werkes. Es sollte »in drei Bänden mit einem Umfang von je etwa 18 Bogen in folgender Einteilung erscheinen:
Band I : Maxwellsche Theorie,
Band II : Theorie der Leitungen,
Band III: Gas- und Dampfentladungen«.

Dieses alle Gegenstände der theoretischen Elektrotechnik umfassend behandelnde Lehrbuch im Gesamtumfang von mehr als 55 Bogen oder rund 900 Druckseiten würde im Hochschul- und Forschungsschrifttum des Faches den ersten Rang eingenommen haben und über zahlreiche Auflagen zu einem Standardwerk weiterentwickelt worden sein. Die Weiterführung dieses Lehrbuchs würde noch vier bis fünf Jahrzehnte später in engster Fühlung mit Franz Ollendorff und wahrscheinlich unter Mitwirkung des jüngeren Ludwig Hannakam in Berlin als des führenden Kopfes in Deutschland zu den Obliegenheiten unseres Verlages in Stuttgart gehört haben – in Parallele zu dem seit Generationen maßgebenden Lehrbuch *Theorie der Elektrizität* von Abraham – Becker – Sauter.

In seinem ersten Brief von 1976 hatte Ollendorff den Komplementärcharakter dieser beiden Lehrbücher hervorgehoben und seiner Erfahrungen an der Berliner Hochschule mit folgenden Worten gedacht: »In der Tat war ja Herr Professor Richard Becker zu Anfang der dreißiger Jahre unseres Jahrhunderts an der Technischen Hochschule Charlottenburg tätig, und ich erinnere mich vieler fruchtbarer Stunden gemeinschaftlicher Arbeit am damals bestehenden physikalisch-chemischen Kolloqium.«

Durch »Erklärung« vom 25. Oktober / 7. November 1934 wurde zwischen Dr. Ollendorff und der Verlagsbuchhandlung B. G. Teubner folgende Vereinbarung getroffen: »Der am 28.2./4.3.1933 geschlossene Vertrag wird zufolge anderweitiger Abmachungen aufgehoben«

Vor dem Zeitpunkt dieser Vereinbarung war Ollendorff durch das »Gesetz zur Wiederherstellung des Berufsbeamtentums« von seiner Dozentur entbunden und nicht mehr Mitglied des Lehrkörpers der Hochschule. Ollendorff unterzeichnete die Vereinbarung in Jerusalem. Das Lehrbuch, an dem Ollendorff als der jüngere Autor den Hauptanteil der Arbeit trug, konnte nicht erscheinen.

Franz Ollendorff, in Berlin geboren und einer jüdischen Familie entstammend, wirkte von 1924 bis 1928 als Oberingenieur in der Wissenschaftlichen Abteilung der Siemens-Schuckert-Werke in Berlin-Siemensstadt, der Professor Reinhold Ruedenberg als Chefelektriker des Unternehmens vorstand. 1928 wurde Ollendorff als Oberingenieur an das Elektrotechnische Laboratorium der Technischen Hochschule Berlin berufen, das dem von Professor Ernst Orlich betreuten Lehrstuhl für Theoretische Elektrotechnik angegliedert war. Hier habilitierte er sich und hielt Vorlesungen als Privatdozent. 1933 wurde er gezwungen, seine Lehr- und Forschungstätigkeit aufzugeben. In den folgenden Jahren durfte er nur als Lehrer für Rechnen, Mathematik und Physik an jüdischen Volksschulen in Berlin tätig sein. Im März 1937 emigrierte er nach Haifa. Dort wirkte er am Hebrew Technion, zunächst als Dozent für Höhere Elektrodynamik. 1938 wurde er zum ordentlichen Professor, 1955 zum Research Professor ernannt. Die Forschungsprofessur hatte er bis zu seinem Lebensende inne. Gastprofessuren nahm er an der University of California, Berkeley, der Technischen Universität Wien und der Eidgenössischen Technischen Hochschule Zürich wahr. 1960 verlieh ihm die Technische Universität Berlin das Ehrendoktorat.

Seine Kollegen und Schüler an der Technischen Hochschule Charlottenburg rühmten Ollendorffs außerordentliche mathematische Begabung, die ihn befähigte, schwierige Probleme in der theoretischen Elektrotechnik auf ein im Kern treffendes mathematisches Modell zu abstrahieren und in kürzester Zeit der Lösung zuzuführen. Dazu befähigte ihn eine profunde Kenntnis der Methoden und Funktionen der mathematischen Physik.

Franz Ollendorff war einer der großen Universalisten seines Fachs. Die gesamte Energietechnik ebensowohl wie die Hochfrequenztechnik vertrat er in Forschung und Lehre als für alle Probleme der Theoretischen Elektrotechnik angerufene Autorität. Ein zwischen uns in den Jahren 1976 und 1977 besprochener Plan, ein großes Lehrbuch von seiner Hand mit dem Titel *Relativistische Elektrotechnik*, das die Anwendung der speziellen Relativitätstheorie nach Einstein und Minkowski auf Probleme der modernen Elektrotechnik behandeln sollte, bei B. G. Teubner erscheinen zu lassen, konnte nicht mehr ausgeführt werden; das Manuskript wurde nicht vollendet. Franz Ollendorff starb am 9. Dezember 1981 im 82. Lebensjahr in Haifa.[126]

Ludwig Hannakam, Inhaber des Lehrstuhls für Theoretische Elektrotechnik an der Technischen Universität Berlin und Herausgeber des Zentralorgans *Archiv für Elektrotechnik*, sagte mir gegen Ende der siebziger Jahre, als wir in Berlin sein Studienbuch *Berechnung magnetischer Felder* vereinbarten, über Franz Ollendorff, den er verehrte als seinen um eine Generation älteren Kollegen und Freund: »Er ist unser Größter.«

Vertrag.

Zwischen den Herren Geheimer Regierungsrat Professor Dr. E. O r l i c h und Privatdozent Dr. F. O l l e n d o r f f in Berlin (nachstehend als Verfasser bezeichnet) einerseits und der Firma B. G. T e u b n e r in Leipzig (nachstehend als Verlag bezeichnet) andererseits ist folgender Vertrag abgeschlossen worden, dessen Erfüllungsort für beide Teile Leipzig ist.

§ 1.

Die Herren Verfasser überlassen das von ihnen unter dem Titel

"Theoretische Elektrotechnik"

verfasste Werk der Firma B.G.Teubner und ihren etwaigen Rechtsnachfolgern mit dem unbeschränkten Urheberrecht, auch an den etwa beigegebenen Originalabbildungen, sowie dem Verlagsrecht für alle Auflagen zum Verlage mit der Befugnis, unveränderte und veränderte Auflagen zu veranstalten.

- 2 -

Das Übersetzungsrecht wird gleichfalls dem Verlage übertragen. Ein etwaiger Erlös aus dessen Verwertung wird abzüglich der damit verbundenen Spesen zu gleichen Teilen zwischen den beiden Vertragsparteien geteilt.

Die Herren Verfasser verpflichten sich, kein gleiches oder ähnliches Werk, das diesem Buche Konkurrenz machen könnte, allein oder in Verbindung mit einem anderen Verfasser in einem anderen Verlage erscheinen zu lassen.

§ 2.

Das Werk soll in Format und Ausstattung wie das im gleichen Verlag erschienene Werk "Liwschitz-Glöckner, Die elektrischen Maschinen" gedruckt werden und in drei Bänden mit einem Umfang von je/etwa 18 Bogen in folgender Einteilung erscheinen:

    Band I: Maxwellsche Theorie,

    Band II: Theorie der Leitungen,

    Band III: Gas- und Dampfentladungen.

Der Verlag ist berechtigt, das Werk mit Zustimmung der Herren Verfasser in eine Sammlung aufzunehmen.

§ 3.

Die Herren Verfasser verpflichten sich, dem Verlage unter Beifügung eines vollständigen Jnhaltsverzeichnisses ein v o l l k o m m e n   d r u c k f e r t i g e s, deutlich und möglichst einseitig ge-

- 7 -

trag hinsichtlich der Verpflichtung der Lieferung des Manuskriptes seitens der Herren Verfasser wie hinsichtlich der der Vervielfältigung oder deren Vollendung seitens des Verlages. Beide Teile werden jedoch die Verabredung nach Möglichkeit zur Durchführung bringen.

Berlin, den .2.Mai...1933.   Berlin, den 28.II.......1933.

Ernst Orlich   *Franz Allendorff*

Leipzig, den ...7. Mai.. 1933.

B. G. TEUBNER

[Unterschrift]   *Ehlers*

Schlußwort

Neun Gelehrtenleben, welche die Geschichte ihrer Disziplin prägten, waren in fünf Jahrzehnten der Verlagsfirma verbunden. Der Verlagskatalog von 1933, die Verlagsverträge von 1896 bis 1933, Briefdokumente, mündliche Überlieferung und persönliche Begegnung ergänzen sich zum Bilde einer Gelehrtengemeinschaft, die das begonnene Werk auf dem Nährboden der deutschen Sprache – als dem geistigen Raum der Nation im Sinne Hofmannsthals – nicht vollenden konnte.

Nach der Zerstörung und der Teilung Deutschlands, nach der Zerstörung der Teubnerschen Firma mit ihrem großen graphischen Betrieb in Leipzig im Dezember 1943 und der politisch erzwungenen Zersplitterung des Verlages in einen westlichen und einen östlichen Teil in den Jahren 1952 und 1953 waren vier bis fünf Jahrzehnte vonnöten für die Entwicklung der 1949 begründeten Staatsform und ihrer Wirtschaftsordnung, für die Wiedergeburt der Wissenschaft und den Neuaufbau des wissenschaftlichen Verlages; vonnöten bis zur Restitution der Einheit Deutschlands sowie der dadurch wiedergewonnenen Einheit der im vierzigjährigen Schisma gefangenen Teubnerschen Verlagsfirma.

Die Eigenschaften und Tugenden, die den Gründer und Prinzipal auszeichneten, waren für den Neuaufbau seiner Firma, der sich in drei Stadien vom Kriegsende bis zum Ende des Jahrhunderts vollzog, die unentbehrliche Bausubstanz: Aufbruchskraft, Beharrungsvermögen, geistige Bodenständigkeit an den Quellen der Überlieferung, gepaart mit schöpferischer Phantasie, und alles durchwaltend Vertrauen und Treue, *fides* und *pietas* – das Unterpfand des Unternehmens.

Von der Aufbruchskraft sagte Reinhold Merkelbach (1918-2006), ein großer Gelehrter der Altertumskunde, in der ersten *Lectio Teubneriana*, die wir eingedenk der Vereinigung der Teubnerschen Firmen und ihres Gründers Benedictus Gotthelf Teubner am Gründungsort als wiederkehrende öffentliche Vorlesung ins Leben riefen, am 8. Mai 1992:

»Es gibt keinen Ausweg nach hinten, keinen Weg zurück. Wenn neue Probleme auftreten – und sie werden immer auftreten, denn keine Regulierung des Zusammenwirkens kann perfekt sein, es werden sich immer unvorhergesehene Nachteile einstellen –, wenn also neue Probleme auftreten, dann müssen wir Lösungen suchen, indem wir einen Weg nach vorn einschlagen«.[127]

Diese Einsicht würde wohl auch Benedikt Teubner als Grundsatz seines schöpferischen Lebens anerkannt haben – getreu seinem Bekenntnis vorwärtsdrängend: »Für wen ich einmal lebe, da webe ich auch aus voller Seele.«

Anmerkungen

1 B. G. Teubner 1811-1911. Geschichte der Firma in deren Auftrag herausgegeben von Friedrich Schulze. Leipzig: B. G. Teubner 1911, S. 5.
2 Ebenda, S. 12.
3 Ebenda, S. 19.
4 Ebenda, S. 20.
5 Ebenda, S. 22 f.
6 Johann Wolfgang von Goethe: Italiänische Reise. II. In: Goethe. Werke. Hrsg. im Auftr. d. Großherzogin Sophie v. Sachsen. Abt. I, Bd. 31. Weimar: Böhlau 1904, S. 165.
7 Walther Rehm: Griechentum und Goethezeit. 4. Aufl. Bern und München: Francke 1968, S. 137.
8 Ebenda, S. 230.
9 Johann Wolfgang von Goethe: Wilhelm Meisters Lehrjahre. In: Goethe. Werke. Hrsg. im Auftr. d. Großherzogin Sophie v. Sachsen. Abt. I, Bd. 22. Weimar: Böhlau 1899, S. 151.
10 B. G. Teubner 1811-1911, S. 72.
11 Handschriftliches Manuskript, Archiv des Verfassers.
12 Ebenda.
13 Xenophontis Expeditio Cyri (Anabasis). Cum brevi annotatione critica edidit Ludovicus Dindorfius. Lipsiae Sumptibus et Typis: B. G. Teubneri MDCCCXXIV.
14 B. G. Teubner 1811-1911, Faksimile nach S. 90.
15 Ebenda, S. 15.
16 August Schmitt: Entwicklung des B. G. Teubnerschen Verlags. 1891-1892. Handschriftl. Manuskript. Archiv des Verfassers.
17 Ebenda, Faksimile nach S. 164.
18 Wie die Blätter am Baum, so wechseln die Wörter. 100 Jahre Thesaurus linguae Latinae. Vorträge der Veranstaltungen am 29. und 30. Juni 1994 in München. Hrsg. von Dietfried Krömer. Mit einem Anhang: Materialien zur Geschichte des Thesaurus linguae Latinae. Stuttgart, Leipzig: Teubner 1995. Vgl. auch http://www.thesaurus.badw.de/ (05.10.2007). Heinrich Krämer: Grußwort des Verlages B. G. Teubner zur Hundertjahrfeier des Thesaurus Linguae Latinea 1894-1994 am 29. Juni 1994, Bayerische Akademie der Wissenschaften. [Stuttgart, Leipzig: Teubner 1994].

19 Encyklopädie der mathematischen Wissenschaften mit Einschluß ihrer Anwendungen. Hrsg. im Auftrage der Akademien der Wissenschaften zu Göttingen, Leipzig, München und Wien, sowie unter Mitwirkung zahlr. Fachgenossen. Leipzig: Teubner 1895-1935.

20 Geschichte des deutschen Buchhandels im 19. und 20. Jahrhundert. Im Auftr. d. Börsenvereins des Deutschen Buchhandels hrsg. von der Historischen Kommission. Band I: Das Kaiserreich 1871-1918. Teil 1. Hrsg. von Georg Jäger in Verb. mit Dieter Langewiesche und Wolfram Siemann. München: K. G. Saur 2001, hier S. 428-429; Teil 2: Hrsg. von Georg Jäger. München: K. G. Saur 2003, hier Verlagsprofil S. 91-99. Irrtums- und mängelbehaftet: unrichtiges Gründungsdatum des Verlages; der naturwissenschaftliche Verlagszweig ist nur oberflächlich dargestellt. Das Fundamentalwerk der messenden Physik, Kohlrausch, Praktische Physik, nicht erwähnt. Der technische Verlag (Maschinenbau, Elektrotechnik und Bauwesen) ist gar nicht behandelt; der *Thesaurus linguae Latinae*, das ab 1900 erscheinende, noch nicht vollendete Zentrallexikon der Altertumskunde, wird nur flüchtig gestreift.

21 B. G. Teubner 1811-1911, Faksimile der Handschrift Benedikt Teubners nach S. 110.

22 Ebenda, S. 35.

23 Eduard Norden: Der Verlag B. G. Teubner und die Altertumswissenschaft. In: Wirtschaft und Idealismus. Herrn Dr. Alfred Giesecke, dem Mitinhaber der Verlagsbuchhandlung B. G. Teubner, zum 60. Geburtstag gewidmet. Leipzig: B. G. Teubner 1928, S. 20.

24 Goethe an Heinrich Wilhelm Ferdinand Wackenroder 21.1.1832. In: Goethe. Werke. Hrsg. im Auftr. d. Großherzogin Sophie v. Sachsen. Abt. IV, Bd. 49. Weimar: Böhlau 1909, S. 211.

25 B. G. Teubner Leipzig. Berlin. Wissenschaftlicher und allgemeiner Verlag mit systematischem Schlagwortverzeichnis. Griechische und lateinische Schriftsteller. Gesamtverzeichnis der Teubnerschen Ausgaben. Leipzig: B. G. Teubner 1933. 208, 90, VI S. (= Teubnerkatalog A/B); siehe vorn S. 28.

26 Verlagskatalog B. G. Teubner Leipzig/Berlin. Teubnerkatalog A: Wissenschaftlicher und allgemeiner Verlag. Teubnerkatalog B: Griechische und lateinische Schriftsteller. Gesamtverzeichnis der Teubnerschen Ausgaben. Leipzig: B. G. Teubner 1936. II, 162, 90, VI S.

27 Gesetz zur Wiederherstellung des Berufsbeamtentums (07.04.1933). In: Reichsgesetzblatt I (1933) 34, S. 175.

28 Zit. nach: Der »Freiburger Kreis«: Widerstand und Nachkriegsplanung 1933-1945. Katalog einer Ausstellung. Mit einer Einf. von Ernst Schulin. Hrsg.

von Dagmar Rübsam und Hans Schadek. Freiburg i. Br.: Stadtarchiv 1990 (Veröffentlichungen aus dem Archiv der Stadt Freiburg im Breisgau 25), S. 57.

29 An Theodor Fritsch in Leipzig. In: Friedrich Nietzsche: Sämtliche Briefe. Kritische Studienausgabe. Hrsg. von Giorgio Colli und Mazzino Montinari, Bd. 8. München und Berlin: Deutscher Taschenbuch Verlag - de Gruyter 1986, S. 46.

30 Weyl, Gesammelte Abhandlungen, S. 654.

31 Rudolf Pfeiffer: Humanitas Erasmiana. Leipzig, Berlin: Teubner 1931 (Studien der Bibliothek Warburg 22), S. 24.

32 Gutachterliche Empfehlung vom 2.5.1938. In: Rudolf Pfeiffer: Liebe zur Antike. München: Süddeutscher Verlag 1969, S. 17 f.

33 Norden, Der Verlag B. G. Teubner und die Altertumswissenschaft, S. 23 f.

34 Eduard Norden: Die antike Kunstprosa vom VI. Jahrhundert v. Chr. bis in die Zeit der Renaissance. 1. Bd. Leipzig: Teubner 1898, S. XI.

35 Eduard Norden: Die antike Kunstprosa vom VI. Jahrhundert v. Chr. bis in die Zeit der Renaissance. Bd. 1 u. 2. 10. Aufl. Neudr. der 3. Aufl. Leipzig und Berlin 1915, Stuttgart, Leipzig: Teubner 1995.

36 Eduard Norden: Alt-Germanien: Völker- u. namengeschichtliche Untersuchungen. Leipzig, Berlin: Teubner 1934.

37 Ders.: Aus altrömischen Priesterbüchern. Lund: C. W. K. Gleerup 1939. (= Skrifter utgivna av Kungl. Humanistiska Vetenskapssamfundet i Lund 29.)

38 Ebenda, S. IX.

39 Walther Abel: Studium Berolinense 1924-1931, II: Eduard Norden. In: Gymnasium 91 (1984) 6, S. 477.

40 Die durch alle Jahrzehnte weiterwirkende Erneuerungskraft bezeugen die neunte Auflage des Vergil-Kommentars von 1995 und die achte Auflage des Heinzeschen Werkes von 1995.

41 Karl Julius Beloch, Erich Bethe, Ernst Bickel, Johann Ludwig Heiberg, Bruno Keil, Ernst Kornemann, Paul Kretschmer, Carl Friedrich Lehmann-Haupt, Karl Johannes Neumann, Erich Pernice, Paul Wendland, Samuel Carl Anders Wide und Franz Winter.

42 Einleitung in die Altertumswissenschaft. Hrsg. von Alfred Gercke und Eduard Norden. 3. Aufl. 1. Bd., Leipzig, Berlin: B. G. Teubner 1927, S. VI.

43 Karl Julius Beloch, Erich Bethe, Ernst Bickel, Hermann Dessau, Friedrich Hiller von Gärtringen, Johan Ludvig Heiberg, Bruno Keil, Ernst Kornemann, Paul Kretschmer, Paul Lehmann, Carl Friedrich Lehmann-Haupt, Hans Lietzmann, Paul Maas , Karl Johannes Neumann, Martin P. Nilsson, Erich Pernice, Max Poh-

lenz, Kurt Regling, Friedrich Vollmer, Paul Wendland, Sam Wide, Ulrich von Wilamowitz-Moellendorff und Franz Winter.

44 »Sed serviendum officio ...«. The Correspondence between Ulrich von Wilamowitz-Moellendorff and Eduard Norden (1892-1931). Edited with a Commentary by William M. Calder III and Bernhard Huss. Hildesheim: Weidmann 1997, S. 203.

45 Das nicht durch neuere Forschung ersetzte Buch ließ Teubner als Neudruck in siebenter Auflage 1996 wiedererscheinen.

46 Das Wort Grimms stellte Norden seinem Buch als Motto voran.

47 Der Verlag ließ dieses Standardwerk als Neudruck in fünfter Auflage 1998 wiedererscheinen. Die wissenschaftliche Welt hofft, daß Dieter Timpe, der emeritierte Würzburger Ordinarius der Alten Geschichte, seine große Monographie, die wir vor mehr als einem Jahrzehnt verabredeten, in den Spuren Nordens vollenden kann.

48 Abel, Studium Berolinense 1924-1931, II: Eduard Norden, S. 480.

49 Jörg Rüpke: Der späte Norden (1924-1941): Die Entstehung der »Altrömischen Priesterbücher« als biographischer Schlüssel. In: Eduard Norden (1868-1941). Ein deutscher Gelehrter jüdischer Herkunft. Hrsg. von Bernhard Kytzler ... Stuttgart: Steiner 1994 (= Palingenesia 49), S. 147.

50 Das Buch ließ B. G. Teubner als Inhaber der Verlegerrechte erstmals 1995 als zweite Auflage in Form eines Neudrucks der Erstauflage erscheinen, versehen mit einem Vorwort von John Scheid, der das Werk als »eines der besten Bücher, die jemals in Deutschland und überhaupt über römische Religion geschrieben worden sind«, bewertet.

51 Paul Maas: Studien zum poetischen Plural bei den Römern. Leipzig: B. G. Teubner, 1903.

52 Eckart Mensching: Über einen verfolgten deutschen Altphilologen: Paul Maas (1880-1964). Berlin: Universitäts-Bibliothek der TU 1987. M. zeichnet kenntnisreich den Werdegang des Gelehrten nach. Ich folge dieser Darstellung durch Wiedergabe mehrerer brieflicher Zeugnisse und anderer Dokumente, die den über 50 Jahre reichenden Briefwechsel mit den vertraglichen Bindungen zwischen Paul Maas und B. G. Teubner in willkommener Weise ergänzen.

53 Zit. nach ebenda, S. 69, 99.

54 Paul Maas: Greek metre. Transl. by Hugh Lloyd-Jones. Oxford: Clarendon Press; London: Oxford University Press 1962, S. IX.

55 Stephanie West: Eduard Fraenkel in Oxford. In: »Magistri et discipuli«. Kapitel zur Geschichte der Altertumswissenschaften im 20. Jahrhundert. Hrsg. von

Wlodzimierz Appel. Toru: Wydawn. Univ. Mikolaja Kopernika 2000, S. 51-70 (= Xenia Toruniensia 7), hier S. 55.

56 Ebenda, S. 52.

57 Thesaurus-Geschichten: Beiträge zu einer Historia Thesauri linguae Latinae von Theodor Bögel (1876-1973). Mit e. Anh.: Personenverzeichnis 1893-1995. Hrsg. von Dietfried Krömer und Manfred Flieger. Stuttgart, Leipzig: Teubner 1996, S. 194.

58 Das Problem des Klassischen und die Antike: Acht Vortr., geh. auf d. Fachtagg. d. klass. Altertumswissenschaft zu Naumburg 1930 von J. Stroux, W. Schadewaldt, P. Friedländer, Ed. Fraenkel, B. Schweitzer, Ed. Schmidt, M. Gelzer, H. Kuhn. Hrsg. von Werner Jaeger. Leipzig, Berlin: Teubner 1931, S. 47-73.

59 Briefliche Mitteilung von Konrad Müller vom 14. März 2004 an den Verfasser.

60 Hugh Lloyd-Jones: Eduard Fraenkel †. In: Gnomon. München 43 (1971), S. 634-640.

61 West, Eduard Fraenkel in Oxford, S. 54.

62 Ebenda, S. 51.

63 Q. Horati Flacci Opera. Ed. D. R. Shackleton Bailey. Stutgardiae: Teubner 1985, S. 156 f. (Bibliotheca scriptorum Graecorum et Romanorum Teubneriana).

64 Friedrich Leo: Die römische Literatur des Altertums. In: Die griechische und lateinische Literatur und Sprache. Berlin, Leipzig: B. G. Teubner 1905, S. 313 (Die Kultur der Gegenwart. Teil I, Abt. VIII).

65 West, Eduard Fraenkel in Oxford, S. 61.

66 Horaz. Aus dem Engl. übers. von Gertrud und Erich Bayer. 6., unveränd. Aufl. Darmstadt: Wissenschaftliche Buchgesellschaft 1983, S. XV.

67 Lloyd-Jones, Eduard Fraenkel , S. 637.

68 West, Eduard Fraenkel in Oxford, S. 54.

69 Zit. nach ebenda, S. 65.

70 Brief von Konrad Müller vom 14. März 2004 an den Verfasser.

71 Nachlaß Eugen Täubler. Öffentliche Bibliothek Universität Basel. NL 78: E 794.

72 Vgl. dazu Jürgen von Ungern-Sternberg: Einleitung. In: Eugen Täubler: Der römische Staat. Mit einer Einl. von Jürgen von Ungern-Sternberg. Stuttgart: Teubner 1985, S. VI-XIX.

73 Nachlaß Eugen Täubler. Öffentliche Bibliothek Universität Basel. NL 78: E 789 a.

74 Eugen Täubler: Der Römische Staat. Leipzig, Berlin: Teubner 1935 (Einleitung in die Altertumswissenschaft Bd. 3, H. 4) Sign.: 1930 B 4682 - 3, 4.

75 Eugen Täubler: Der römische Staat. Stuttgart: B. G. Teubner 1985, S. XX-XXV.

76 Ebenda, S. XXIV.

77 Eugen Täubler: Die Parthernachrichten bei Josephus. Berlin, Friedrich-Wilhelms-Univ., Diss. 1904.

78 Mitteilungen des Gesamtarchivs der deutschen Juden (MGDJ) 1 (1909), S. 1 ff.; 3 (1912) S. 64 ff. Wiederabdruck in Eugen Taeubler: Aufsätze zur Problematik jüdischer Geschichtsschreibung 1908-1950. Wiesbaden: Steiner 1977, S. VII ff.

79 Alfred Heuß: Eugen Täubler Postumus. In: Historische Zeitschrift. München 248 (1989) 2, S. 278 f.

80 Vgl. dazu Eugen Täubler: Der römische Staat. Mit e. Einl. von Jürgen von Ungern-Sternberg. Stuttgart: Teubner 1985.

81 Heuß, Eugen Täubler Postumus, S. 289.

82 Personalakte Eugen Täubler im Universitätsarchiv Heidelberg: III, 5b Nr. 552.

83 Judentum als tragische Existenz. In: Aufsätze zur Problematik jüdischer Geschichtsschreibung 1908-1950. Wiesbaden: Steiner 1977, S. 47 ff.

84 Ebenda, S. XXI.

85 Nachlaß Eugen Täubler. Öffentliche Bibliothek Universität Basel. NL 78: DX 1.

86 Ludwig von Köchel: Chronologisch-thematisches Verzeichnis sämtlicher Tonwerke Wolfgang Amadé Mozarts: nebst Angabe d. verlorengegangenen, angefangenen, übertragenen, zweifelhaften u. unterschobenen Kompositionen. 3. Aufl. Bearb. von Alfred Einstein. Leipzig: Breitkopf & Härtel 1937.

87 Ludwig von Köchel: Chronologisch-thematisches Verzeichnis sämtlicher Tonwerke Wolfgang Amadé Mozarts: nebst Angabe d. verlorengegangenen, angefangenen, übertragenen, zweifelhaften u. unterschobenen Kompositionen. 3. Aufl., bearb. von Alfred Einstein; mit einem Supplement »Berichtigungen und Zusätze« von Alfred Einstein. Ann Arbor: J. W. Edwards 1947.

88 Alfred Einstein: Heinrich Schütz. Kassel: Bärenreiter-Verlag 1928; ders.: Gluck. Transl. by Eric Blom. London: Dent; New York: Dutton 1936 (The Master Musicians N. S.); ders.: Mozart: his character, his work. Transl. by Arthur Mendel, Nathan Broder. London [u. a.]: Cassell 1946; ders.: Schubert: A musical portrait. New York: Oxford University Press 1951.

89 Alfred Einstein: The Italian Madrigal. Transl. by Alexander H. Krappe, Roger H. Sessions, Oliver Strunk. Princeton: Princeton University Press, London: Cumberlege, Oxford University Press. 3 Vol. 1949.

90 Die in Teile und Abteilungen gegliederte Reihe wurde mit diesem Titel eröffnet: Wilhelm Lexis: Die allgemeinen Grundlagen der Kultur der Gegenwart. Berlin, Leipzig: Teubner 1906 (Die Kultur der Gegenwart T. 1, Abt. 1). Er enthielt I. Das Wesen der Kultur von Wilhelm Lexis. II. Das Moderne Bildungswesen von Friedrich Paulsen. III. Die wichtigsten Bildungsmittel: A, Schulen und Hochschulen: (1. Das Volksschulwesen von Gottlob Schöppa. Das Höhere Knabenschulwesen von Adolf Matthias. 3. Das Höhere Mädchenschulwesen von Hugo Gaudig. 4. Das Fach- und Fortbildungsschulwesen von Georg Kerschensteiner. 5. Die Geisteswissenschaftliche Hochschulausbildung von Friedrich Paulsen. 6. Die Naturwissenschaftliche Hochschulausbidlung von Walther von Dyck). B, Museen: (1. Kunst- und Kunstgewerbe-Museen /von Ludwig Pallat. 2. Naturwissenschaftlich-technische Museen von Karl Kraepelin.) C, Ausstellungen: (Kunst- und Kunstgewerbe-Ausstellungen von Julius Lessing. 2. Naturwissenschaftlich-technische Ausstellungen von Otto N. Witt). D, Die Musik von Georg Gähler. E, Das Theater von Paul Schlenther. F, Das Zeitungswesen von Karl Bücher. G, Das Buch von Richard Pietschmann. H, Die Bibliotheken von Fritz Milkau. IV. Die Organisation der Wissenschaft von Herman Diels. Bis 1925 erschienen 30 Bände in Auflagen von bis zu 8.000 Exemplaren.

91 Hermann Weyl: Gruppentheorie und Quantenmechanik. Leipzig: S. Hirzel 1928, S. 2.

92 Entwurf einer verallgemeinerten Relativitätstheorie und einer Theorie der Gravitation: 1. Physikal. Teil / von Albert Einstein. 2. Mathemat. Teil von Marcel Grossmann. In: Zeitschrift für Mathematik und Physik 62 (1913), S. 225-259; auch als separater Druck: Leipzig, Berlin: Teubner 1913.

93 Albert Einstein: Die Grundlage der allgemeinen Relativitätstheorie. Leipzig: J. A. Barth 1916. Separatdruck aus: Annalen der Physik. Bd. 49 (1916).

94 Hermann Minkowski: Raum und Zeit: Vortrag, gehalten auf der 80. Naturforscher-Versammlung zu Köln am 21. September 1908. Mit dem Bildnis Hermann Minkowskis sowie einem Vorwort von August Gutzmer. Leipzig, Berlin: Teubner 1909. Separatdruck des Beitrags im Jahresbericht der Deutschen Mathematiker-Vereinigung 18 (1909), S. 75-88. Sommerfeld hatte den Vortrag rezensiert: Beiblätter zu den Annalen der Physik 33 (1909), S. 809-817.

95 Das Relativitätsprinzip: Eine Samml. von Abhandlungen. H. A. Lorentz, A. Einstein, H. Minkowski. Mit Anm. von A. Sommerfeld. Vorw. von O. Blumenthal. Leipzig: Teubner 1913 (Fortschritte der mathematischen Wissenschaften in Monographien 2).

96 Das Relativitätsprinzip: Eine Samml. von Abhandlungen. H. A. Lorentz, A. Einstein, H. Minkowski. Mit e. Beitr. von H. Weyl u. Anm. von A. Sommerfeld. Vorw. von O. Blumenthal. 3., verb. Aufl. Leipzig: Teubner 1920 (Fortschritte der mathematischen Wissenschaften in Monographien 2).

97 Hermann Weyl: Gravitation und Elektrizität. Göttingen 1918. Sonderdruck aus: Sitzungsberichte der Königl. Preuss. Akademie der Wissenschaften 36 (1918), S. 465-480.

98 Albert Einstein - Hedwig und Max Born: Briefwechsel 1916-1956, kommentiert von Max Born. München: Nymphenburger Verlagshandlung 1969, S. 60 f.

99 Ebenda, S. 11.

100 Ebenda, S. 156.

101 Archiv der Berlin-Brandenburgischen Akademie der Wissenschaften: Bestand Preußische Akademie der Wissenschaften (1812-1945), II-III-57, Bl. 6.

102 Brief an Born vom 30.5.1933. In: Albert Einstein - Hedwig und Max Born: Briefwechsel, S. 159 f.

103 Brief an Born vom 12.10.1953. In: Ebenda, S. 266.

104 Woldemar Voigt: Lehrbuch der Kristallphysik (mit Ausschluss der Kristalloptik). Leipzig, Berlin: Teubner, 1910 (B. G. Teubners Sammlung von Lehrbüchern auf dem Gebiete der mathematischen Wissenschaften 34), dass.: Nachdr. d. 1. Aufl., erg. durch e. spätere Arbeit d. Verf. u. mit e. Geleitw. von M. v. Laue. Leipzig: B. G. Teubner 1928; Nachdr. B. G. Teubner Stuttgart 1966 (Bibliotheca Mathematica Teubneriana 12).

105 Max Born: Dynamik der Kristallgitter. Leipzig, Berlin: Teubner 1915 (Fortschritte der mathematischen Wissenschaften in Monographien 4); ders.: Atomtheorie des festen Zustandes: (Dynamik der Kristallgitter). Leipzig: Teubner 1922 (Encyklopädie der mathematischen Wissenschaften 5, 4); dass.: 2. Aufl. 1923.

106 Max Born: Vorlesungen über Atommechanik. Hrsg. unter Mitwirkung von Friedrich Hund. 1. Bd. Berlin: Springer, 1925, S. V. (Struktur der Materie in Einzeldarstellungen 2); Max Born, Pascual Jordan: Elementare Quantenmechanik (Zweiter Band der Vorlesungen über Atommechanik). Berlin: Springer 1930 (Struktur der Materie in Einzeldarstellungen 9).

107 Kommentar von Born. In: Albert Einstein - Hedwig und Max Born: Briefwechsel, S. 146.

108 Ebenda, S. 146.

109 Brief an Born. In: Albert Einstein - Hedwig und Max Born: Briefwechsel, S. 127.

110 Sie war auf 6 Bände aufgeteilt: 1: Arithmetik und Algebra, 2. Analysis, 3. Geometrie, 4. Mechanik, 5. Physik, 6. Astronomie, Geodäsie und Geophysik.

111 Kommentar von Born. In: Albert Einstein - Hedwig und Max Born: Briefwechsel, S. 158.

112 Ebenda, S. 158 f.

113 Brief an Born vom 30.5.1933. In: Albert Einstein - Hedwig und Max Born: Briefwechsel, S. 159.

114 Ebenda, S. 172.

115 Max Born, Kun Huang: Dynamical theory of crystal lattices. Oxford: Clarendon Press 1954 (International series of monographs on physics).

116 Ders., Emil Wolf: Principles of optics: electromagnetic theory of propagation, interference and diffraction of light. London [u. a.]: Pergamon Press 1959.

117 Göttiner Erklärung vom 12. April 1957 vgl. http://www.dhm.de/lemo/html/dokumente/JahreDesAufbausInOstUndWest_erklaerungGoettingerErklaerung/index.html (10.10.2007).

118 Issai Schur (Deutsche Mathematiker-Vereinigung). In: Die Hundertjahrfeier der Firma B. G. Teubner. Leipzig, 3. und 4. März. [Leipzig: Teubner 1911], S. 26.

119 Theorie der Darstellung kontinuierlicher halbeinfacher Gruppen durch lineare Transformationen: I, II, III und Nachtrag. In: Mathematische Zeitschrift 23 (1925), S. 271-309; 24 (1926), S. 328-376, S. 377-395, S. 789-791.

120 Gruppentheorie und Quantenmechanik, S. 98.

121 Ebenda, S. 5.

122 Hermann Weyl: Gruppentheorie und Quantenmechanik. Leipzig: S. Hirzel 1928. 2. umgearb. Aufl. Leipzig 1931.

123 Hermann Weyl: Gesammelte Abhandlungen. Hrsg. von K. Chandrasekharan. Heidelberg: Springer 1968, IV, S. 654.

124 Ders.: Die Idee der Riemannschen Fläche. Leipzig, Berlin: Teubner 1913 (Mathematische Vorlesungen an der Universität Göttingen 5), S. VIII.

125 Ders.: Philosophie der Mathematik und der Naturwissenschaft. 3. erw. Aufl. München und Wien: R. Oldenbourg 1966; B. Eckmann: Mathematik in universeller Sicht. Zum 100. Geburtstag von Hermann Weyl. In: Neue Zürcher Zeitung. Zürich 6.11.1985, S. 41.

126 Seine Persönlichkeit und seine wissenschaftlichen Leistungen würdigten aus Anlaß seines 75. Geburtstages P. Jacottet und A. Roggendorf. In: Elektrotechnische Zeitschrift 96 (1975) 3, S. K 28. Vgl. auch Thomas Schulz: Fluchtpunkt

Palästina. Auch Franz Ollendorff suchte Zuflucht am Technion Haifa. http://www2.tu-berlin.de/presse/tui/00apr/ollendor.htm (16.10.2007).
127 Reinhold Merkelbach: Die Bedeutung des Geldes für die Geschichte der griechisch-römischen Welt. Lectio Teubneriana I. Stuttgart und Leipzig: B. G. Teubner 1992, S. 51.

Abbildungen: Archiv des Verfassers.

Index

Ackermann, Albin 21
Ackermann, Alfred 21
Altrömische Priesterbücher 32, 35
Antike Kunstprosa 31
Archiv für Lateinische Lexikographie und Grammatik 38

Baeck, Leo 54f.
Bibliotheca Teubneriana 8, 16f., 50
Bibliothek Warburg 34, 47
Born, Max 77ff.
Brockhaus, Friedrich Arnold 12, 21
Bücheler, Franz 19, 30
Byzantinische Zeitschrift 38
Byzantinistik 38

Callimachus 27
Courant, Richard 87

Das Problem des Klassischen und die Antike 47
Diels, Hermann 32

Einstein, Albert 66ff.
Einstein, Alfred 63ff.
Encyklopädie der mathematischen Wissenschaften 20, 25, 80
Eucken, Walter 26

Fraenkel, Eduard 45ff.
Franck, James 78, 81

Gauß, Carl Friedrich 78
Gercke-Norden, Einleitung in die Altertumswissenschaft 32f.
Germanische Urgeschichte 34

Gesetz zur Wiederherstellung des Berufsbeamtentums 25, 51
Giesecke-Teubner, Alfred 21, 29, 31, 32f., 38f., 56f., 64
Goethe, Johann Wolfgang v. 13, 23
Gruppentheorie und Quantenmechanik 87

Hahn, Otto 81
»Heidelberger Gespräch« 59ff.
Heinze, Richard 32
Heisenberg, Werner 71, 78
Hermann, Gottfried 16
Heuß, Alfred 57f.
Hilbert, David 20, 78, 86f.
History of Classical Scholarship 27
Horaz 49f.
Housman, Alfred Edward 48
Humanitas Erasmiana 27
Humboldt, Wilhelm v. 13f.

Imperium Romanum. Entstehungsgeschichte des römischen Reiches. Die Staatsverträge 56

Jaeger, Werner 35, 47
Jahn, Otto 30
Jordan, Pascual 78

Kaibel, Georg 32
Kaiser-Wilhelm-Institut für Physik 70
Keil, Heinrich 16
Klein, Felix 78, 80, 87
Köchel-Verzeichnis sämtlicher Tonwerke Mozarts 65

Kristallgitter 78f.
Kristallphysik 78
Krumbacher, Karl 37
Kultur der Gegenwart, Enzyklopädie 67ff., 73ff.

Lachmann, Karl 16
Laue, Max v. 77, 81
Leo, Friedrich 46f., 48
Lindsay, Wallace Martin 46
Lloyd-Jones, Hugh 43f., 49
Lorentz, Hendrik Antoon 20, 69
Lucanus 47f.

Maas, Paul 37ff.
Mathematische Annalen 19f.
Merkelbach, Reinhold 42, 97
Metrik, griechische 40, 43
Minkowski, Hermann 69, 78
Mommsen, Theodor 19, 55
Müller, Konrad 50
Murray, Gilbert 43

Nietzsche, Friedrich 26
Norden, Eduard 29ff.

Ollendorff, Franz 89ff.

Paläographie 40
Pasquali, Giorgio 40, 42
Passow, Franz 13
Pauli, Wolfgang 78, 80
Petronius 50
Pfeiffer, Rudolf 27
Philippson, Alfred 24
Plautus 18, 47, 49
Powell, Enoch (Member of the House of Commons) 42
Preußische Akademie der Wiss. 35, 72

Ribbeck, Otto 16f.
Riemann, Bernhard 78
Ritschl, Friedrich Wilhelm 18f., 30
Romanos, byzantinischer Kirchendichter 38f.

Sammlung wissenschaftlicher Commentare 32
Schmitt, August 14, 16
Schwartz, Eduard 27
Shackleton Bailey, David R. 18, 48
Snell, Bruno 40, 42

Täubler, Eugen 51ff.
Tauchnitz, Carl 21f.
Teubner, Benedictus Gotthelf 6, 11ff.
Textkritik 40f., 43
Thesaurus linguae Latinae 10, 19

Usener, Hermann 30, 48

Vergil 16f., 32
Voigt, Woldemar 77

Wackernagel, Jacob 46
Weizsäcker, Carl Friedrich v. 81
West, Martin L. 18
Weyl, Hermann 83ff.
Wilamowitz-Moellendorff, Ulrich v. 30, 32f., 37, 42, 46
Winckelmann, Johann Joachim 13
Wirtschaft und Idealismus 29
Wolf, Friedrich August 48

Xenophon (Anabasis) 15

Zeitschrift für Mathematik und Physik 19f., 66, 69

Edition am Gutenbergplatz Leipzig / EAGLE: www.eagle-leipzig.de

Walser, H. (Basel / Frauenfeld): **Der Goldene Schnitt.** (1.-2. Aufl. 1993-96 bei B. G. Teubner; 3.-4. Aufl. 2003-04 bei Edition am Gutenbergplatz Leipzig / EAGLE 001.) Mit einem Beitrag von H. Wußing über populärwiss. Mathematikliteratur aus Leipzig. Leipzig 2009. 5., bearbeitete und erweiterte Aufl. EAGLE 001.
EAGLE 001: www.eagle-leipzig.de/001-walser.htm ▶ISBN 978-3-937219-98-1

Luderer, B. (Chemnitz): **EAGLE-GUIDE Basiswissen der Algebra.**
Leipzig 2009. 2., bearbeitete und erweiterte Aufl. EAGLE 017.
EAGLE 017: www.eagle-leipzig.de/017-luderer.htm ▶ISBN 978-3-937219-96-7

Fröhner, M. / Windisch, G. (Cottbus): **EAGLE-GUIDE Elem. Fourier-Reihen.**
Leipzig 2009. 2., bearbeitete und erweiterte Aufl. EAGLE 018.
EAGLE 018: www.eagle-leipzig.de/018-froehner.htm ▶ISBN 978-3-937219-99-8

Günther, H. (Berlin): **EAGLE-GUIDE Raum und Zeit – Relativität.**
Leipzig 2009. 2., bearbeitete und erweiterte Aufl. EAGLE 022.
EAGLE 022: www.eagle-leipzig.de/022-guenther.htm ▶ISBN 978-3-937219-88-2

Stolz, W. (Dresden): **EAGLE-GUIDE Formeln zur elementaren Physik.**
Leipzig 2009. 1. Aufl. EAGLE 027.
EAGLE 027: www.eagle-leipzig.de/027-stolz.htm ▶ISBN 978-3-937219-27-1

Junghanns, P. (Chemnitz): **EAGLE-GUIDE Orthogonale Polynome.**
Leipzig 2009. 1. Aufl. EAGLE 028.
EAGLE 028: www.eagle-leipzig.de/028-junghanns.htm ▶ISBN 978-3-937219-28-8

Haftmann, R. (Chemnitz): **EAGLE-GUIDE Differenzialrechnung.**
Vom Ein- zum Mehrdimensionalen.
Leipzig 2009. 1. Aufl. EAGLE 029.
EAGLE 029: www.eagle-leipzig.de/029-haftmann.htm ▶ISBN 978-3-937219-29-5

Franeck, H. (Freiberg / Dresden): **... aus meiner Sicht.**
Freiberger Akademieleben. Geleitwort: D. Stoyan (Freiberg).
Leipzig 2009. 1. Aufl. EAGLE 030.
EAGLE 030: www.eagle-leipzig.de/030-franeck.htm ▶ISBN 978-3-937219-30-1

Radbruch, K. (Kaiserslautern):
Bausteine zu einer Kulturphilosophie der Mathematik.
Leipzig 2009. 1. Aufl. EAGLE 031.
EAGLE 031: www.eagle-leipzig.de/031-radbruch.htm ▶ISBN 978-3-937219-31-8

Wußing, H. (Leipzig): **Adam Ries.** (1.-2. Aufl. 1989-92 bei B. G. Teubner.)
Mit einem Anhang (2009) v. M. Folkerts (München), R. Gebhardt (Chemnitz / Annaberg-Buchholz), A. Meixner (Staffelstein), F. Naumann (Chemnitz), M. Weidauer (Erfurt).
Leipzig 2009. 3., bearbeitete und erweiterte Aufl. EAGLE 033.
EAGLE 033: www.eagle-leipzig.de/033-wussing.htm ▶ISBN 978-3-937219-33-2

Alle Titel im VLB-online. Bestellungen bitte an Ihre Buchhandlung.

Weiß, J. (Leipzig): **B. G. Teubner zum 225. Geburtstag.**
Leipzig 2009. 1. Aufl. Geleitwort: H. Krämer (Schwieberdingen). EAGLE 035.
EAGLE 035: www.eagle-leipzig.de/035-weiss.htm ▶ ISBN 978-3-937219-35-6

Thiele, R. (Halle / S.): **Van der Waerden in Leipzig.**
Leipzig 2009. 1. Aufl. Geleitwort: F. Hirzebruch (Bonn). EAGLE 036.
EAGLE 036: www.eagle-leipzig.de/036-thiele.htm ▶ ISBN 978-3-937219-36-3

Deweß, G. / Hartwig, H. (Leipzig): **Wirtschaftsstatistik für Studienanfänger.**
Leipzig 2010. 1. Aufl. EAGLE 038. ▶ ISBN 978-3-937219-38-7
EAGLE 038: www.eagle-leipzig.de/038-dewess-hartwig.htm

Wußing, H. (Leipzig):
EAGLE-GUIDE Von Leonardo da Vinci bis Galileo Galilei.
Leipzig 2010. 1. Aufl. EAGLE 041.
EAGLE 041: www.eagle-leipzig.de/041-wussing.htm ▶ ISBN 978-3-937219-41-7

Seit 21. Februar 2011 erscheint im unabhängigen Wissenschaftsverlag „Edition am Gutenbergplatz Leipzig" die Sammlung
**„Leipziger Manuskripte
zur Verlags-, Buchhandels-, Firmen- und Kulturgeschichte".**
Siehe: www.leipziger-manuskripte.de   Hier die ersten Titel der Reihe:

Krämer, H. (Schwieberdingen): **Neun Gelehrtenleben am Abgrund der Macht.** Der Verlagskatalog B. G. Teubner, Leipzig – Berlin 1933.
Leipzig 2011. 2. Aufl. EAGLE 048. ▶ ISBN 978-3-937219-48-6
EAGLE 048: www.eagle-leipzig.de/048-kraemer.htm

Krämer, H. (Schwieberdingen):
Die Altertumswissenschaft und der Verlag B. G. Teubner.
Leipzig 2011. 1. Aufl. EAGLE 049. ▶ ISBN 978-3-937219-49-3
EAGLE 049: www.eagle-leipzig.de/049-kraemer.htm

Krämer, H. (Schwieberdingen) / Weiß, J. (Leipzig):
„Wissenschaft und geistige Bildung kräftig fördern".
Zweihundert Jahre B. G. Teubner 1811-2011.
Leipzig 2011. 1. Aufl. EAGLE 050. ▶ ISBN 978-3-937219-50-9
EAGLE 050: www.eagle-leipzig.de/050-kraemer-weiss.htm

Edition am Gutenbergplatz Leipzig (Verlagsname abgekürzt: EAGLE)
Unabhängiger Wissenschaftsverlag für Forschung, Lehre und Anwendung.
Gegründet am 21. Februar 2003 im Haus des Buches, am Leipziger Gutenbergplatz.
www.weiss-leipzig.de/wissenschaftsgeschichte.htm   weiss@eagle-leipzig.eu

Alle Titel im VLB-online. Bestellungen bitte an Ihre Buchhandlung.